周易经传新解

黄波——著

君子以成德为行，日可见之行也。

潜之为言也，隐而未见，行而未成，是以君子弗用也。

华龄出版社
HUALING PRESS

责任编辑： 董巍
责任印刷： 李未圻

图书在版编目（CIP）数据

周易经传新解 / 黄波著. -- 北京：华龄出版社，2020.9
ISBN 978-7-5169-1689-6

Ⅰ. ①周… Ⅱ. ①黄… Ⅲ. ①《周易》-研究 Ⅳ. ①B221.5

中国版本图书馆CIP数据核字(2020)第122578号

书　　名： 周易经传新解
作　　者： 黄波

出 版 人： 胡福君
出版发行： 华龄出版社
地　　址： 北京市东城区安定门外大街甲57号　**邮　　编：** 100011
电　　话： 010-58122264　**传　　真：** 010-84049572
网　　址： http://www.hualingpress.com

印　　刷： 河北盛世彩捷印刷有限公司
版　　次： 2020年9月第1版　2020年9月第1次印刷
开　　本： 710mm×1000mm　1/16　**印　　张：** 13
字　　数： 186千字
定　　价： 49.00元

目录

上经 / 001

下经 / 087

谨以此书送给我的爱人贾玲和追寻自由灵魂的人们。

——黄波

序

《易经》博大精深，意旨浩渺无穷。功底浅的读者可以读来修身自娱，功底深的读者可以兴家振国。诗经云：

就其深矣，方之舟之。
就其浅矣，泳之游之。
何有何亡，黾勉求之。
凡民有丧，匍匐救之。

古今中外的历史典籍，记载了多少家国兴衰，描述了多少人生得意，又书写了多少身首异处、血泪成河。人道之难，难在世事的纷繁纠葛，难在人心的善恶交互。更难在人们迷失于心底的那个准绳。工程的规矩准绳可以建庙宇，亦可垒猪圈。人心的规矩准绳则决定了这个人的精神状态和境界高低。飞禽走兽、百果草木方能顺应天地四时的准绳而生发繁衍，而号称万物之灵长的人类，进化得耳聪足以聆言外之意、目明足以察万里之微。但却一直在干着那些相互危害、同类杀戮的愚蠢勾当。问题的关键是太多的人把自己活得过于自负，把自己人生的准绳放得太低。人类作为自然界的一分子，应怀有对天地万物、自然规律的那份敬畏之心。《易经》是大自然馈赠给中华民族的一份文化瑰宝。“易与天地准，故能弥纶天地之道”“是故易者象也。象也者，像也”，“易无思也，无为也。寂然不动，感而遂通天下之故”。意思是《易经》只是借用自然界事物的发展变化情形来喻示天地万物变化的规律，用以指导人们遵从恰当的规则准绳去处理相应的事务，使其尽可能地减少为人处世的失误。

学科学懂技术让我们拥有一技之长，可谋生养家。但人生在世，想要对这个社会有所贡献的话，则需不断地去建构、拓展自己的人生格局。《易经》既可以帮助人们建构平和、正直、阳光、积极的人生观、价值观，又可以为大家在日常工作生活中遇到困惑时提供相应的参考。例如它会通过对“仁”和“义”的定义，给人们提供一些行为参考：“天地之德曰生，圣人之宝曰位，何以守位曰仁，何以聚人曰财，理财正辞、禁民为非曰义。”

《易经》读到一定程度，就可以帮人们解决一些具体的困难和困惑。例如书中《需》这一节可以帮人们从根源上解决遇事怯场、烦躁失眠这一心理问题——“云上于天，需，君子以饮食宴乐”：过去的事情都过去了，我们暂时没有能力回去改变，想也没用；将来要发生的事情，到时候必会遇到环境、条件的变化，造成现在所有的心理准备、设想届时能用得上的可能性微乎其微。该来的总会来，还不如到时候随机应变，坦然面对。对于棘手的事情，慎重努力如自己尚且处理不好，别人也未必都能处理得好到哪里去。若等到自己的准备比别人都充足了，又有足够的耐心把握住恰当的时机，那么成功就是水到渠成的事。如果在自己的准备还不够充分、时机还没有成熟的时候就妄图办成所期望的事，属于轻浮贪便宜，乃取辱之道。天大的事总会有过去的时候，努力了就没有后悔。所以何不活在当下，从容一些？

努力工作只能养家糊口，信念再造方能叱咤风云。《大话周易》蕴含着先代圣贤体系化的生活生存理念，用中华文化的精髓普泽众生，可以指引有担当者入则胜任将相，出则捭阖商场。它教人做官，会让人们知道如何服务众生、威严自显，最终功成身退、安享晚年；教人经商，会让人们知道如何明确核心目标，弘扬价值，福泽民生，厚德载福；教人做人，会让人们知道在生活中如何与人相处，使得家庭幸福、生活美满、吉祥如意、顺风顺水。例如书中《巽》这一节，可以提供人们在尊长、领导面前顺从而圆满的方法：在单位里想进步，一味地在领导面前显露温顺、听话是不可取的，这样最终往大了说也只能适合一些配合的、从属的工作岗位。这就是“巽在牀下，丧其资斧”。有领袖潜质的人即使在尊长、领导面前也能不亢不卑、干净利索。服从安排的同时也会根据自己的独到见解更圆满地完成任务。领导会以此联想到当年的自己（没有这个基本素养，也不可能成为所谓的“领导”），惺惺相惜，提拔重用。

经文中大量运用诸如“吉、凶、悔、吝、无咎”等词语。用来定义人们身处某种环境、做出某种选择时必将导致的后果。明白这些词语的含义，有助于我们理解易经能够预知未来的一些原理。这种“易之善卜”的判定基于人们的选择是否遵从自然规律以及天道人性。易传对此定义为：“吉凶者，言乎其失得也。悔吝者，言乎其小疵也。无咎者，善补过也。”

先哲说“不读易者不可以为相，不通易者不可以经商”。从这个“读”和“通”的差别，说明对为官的要求相对轻易一些，只要能做到中正平和，不忘初心，结局都不会太差。反观对经商的要求，是极为苛刻的。所以经商者多如牛毛，能做好的却凤毛麟角，并且不排除这凤毛麟角里也有不少是“在风口上飞行的猪”。

古往今来，无数的文人学者付出了巨大的心血用来解读、翻译这部文化瑰宝。易经译注虽浩如烟海，但无外乎两种形式。

一种是形译。尊重易经的篇幅结构、卦爻组合，字句斟酌，力图为大家还原最为准确的《易经》结构情状，是文化学者、专家教授研究《易经》、讨论学术的重要参考。形译较为成功的代表作当属当代文学家、福建师范大学张善文老师编译的《周易》。

另一种是意译。《易经》的成文规则本来就是以象形比拟的手法来表达观点，故意译力求还原《易经》的本意精髓，而不太注重于易经原文的表述形式以及行文顺序。这类著作里较为传神的当属北宋苏轼的《东坡易传》。

《东坡易传》属于古汉语典籍，对于广大读者来说，读来不免也会觉得生涩难懂。本书以清·武英殿《日讲易经讲义》刻本为蓝本，参考《东坡易传》、张善文老师的《周易》以及其他的典籍、学说，结合笔者自己的思考，以通俗白话的形式表述出来，以飨读者。

诚惶诚恐，囿于才识浅薄，书中缺点错误在所难免，欢迎各界师长、亲友批评指正。

上经

第一节　乾——自强不息

【原文】

乾：元，亨[①]，利[②]，贞[③]。

彖曰[④]：大哉乾元[⑤]，万物资始，乃统天。云行雨施，品物流形。大明始终，六位时成，时乘[⑥]六龙[⑦]以御[⑧]天[⑨]。乾道变化，各正性命[⑩]，保合太和，乃利贞。首出庶物，万国咸宁。

象曰[⑪]：天行健，君子以自强不息。

初九：潜龙，勿用。

象曰：潜龙勿用，阳在下也。

九二：见龙在田[⑫]，利见大人。

象曰：见龙在田，德施普也。

九三：君子终日乾乾[⑬]，夕惕若，厉无咎。

象曰：终日乾乾，反复道也。

九四：或跃在渊，无咎。

象曰：或跃在渊，进无咎也。

九五：飞龙在天，利见大人。

象曰：飞龙在天，大人造也。

上九：亢龙有悔。

象曰：亢龙有悔，盈不可久也。

用九：见群龙无首[14]，吉。

象曰：用九，天德不可为首也。

文言曰[15]：元者，善之长也，亨者，嘉之会也，利者，义之和也，贞者，事之干[16]也。君子体仁足以长人。嘉会足以合礼。利物足以和义。贞固足以干事。君子行此四德者，故曰：乾，元亨利贞。

初九曰潜龙勿用。何谓也？

子曰：龙德而隐者也。不易乎世，不成乎名。遁世而无闷，不见是而无闷[17]。乐则行之，忧则违之[18]，确乎其不可拔[19]，潜龙也。

九二曰见龙在田，利见大人。何谓也？

子曰：龙德而正中者也。庸言之信，庸行之谨[20]。闲邪存其诚，善世而不伐[21]，德博而化。易曰：见龙在田，利见大人。君德也。

九三曰君子终日乾乾，夕惕若[22]，厉[23]无咎[24]。何谓也？

子曰：君子进德修业。忠信，所以进德也。修辞立其诚[25]，所以居业也。知至至之，可与言几[26]也。知终终之，可与存义也。是故居上位而不骄，在下位而不忧。故乾乾因其时而惕，虽危而无咎矣。

九四曰或跃在渊，无咎。何谓也？

子曰：上下无常，非为邪也。进退无恒，非离群也。君子进德修业，欲及时也。故无咎。

九五曰飞龙在天，利见大人。何谓也？

子曰：同声相应，同气相求。水流湿，火就燥。云从龙，风从虎。圣人作而万物睹。本乎天者亲上，本乎地者亲下，则各从其类也。

上九曰亢龙有悔。何谓也？

子曰：贵而无位，高而无民，贤人在下而无辅，是以动而有悔也。

乾龙勿用，下也。见龙在田，时舍也。终日乾乾，行事也。或跃在渊，自试也。飞龙在天，上治也。亢龙有悔，穷之灾也。乾元用九，天下治也。

潜龙勿用，阳气潜藏。见龙在田，天下文明。终日乾乾，与时偕行。或跃在渊，乾道乃革[27]。飞龙在天，乃位乎天德。亢龙有悔，与时偕极。乾元用九，乃见天则。

乾元者，始而亨者也。利贞者，性情也。乾始能以美利利天下，不言所利。大矣哉！大哉乾乎？刚健中正，纯粹精也。六爻发挥，旁通情也。时乘六龙，以御天也。云行雨施，天下平也。

君子以成德为行，日可见之行也。潜之为言也，隐而未见，行而未成，是以君子弗用也。

君子学以聚之，问以辩之㉘，宽以居之，仁以行之。易曰："见龙在田，利见大人"，君德也。

九三重刚而不中㉙，上不在天，下不在田。故乾乾，因其时而惕，虽危无咎矣。

九四重刚而不中，上不在天，下不在田，中不在人，故或之。或之者，疑之也，故无咎。

夫大人者，与天地合其德㉚，与日月合其明，与四时合其序，与鬼神合其吉凶。先天下而天弗违，后天而奉天时。天且弗违，而况于人乎？况于鬼神乎？

亢之为言也，知进而不知退，知存而不知亡，知得而不知丧。其唯圣人乎？知进退存亡而不失其正者，其唯圣人乎？

【注释】

①亨（hēng）：嘉之会也；通权达变，各种最好的技巧、能力、人才的聚合。

②利：义之和也；君子爱财取之以道，企业福利赏罚有节。

③贞：事之干也；正也，亦有守正、对既定方向坚守之意。

④彖（tuàn）：易经中总论各卦基本观念的话。又称"彖辞""彖传"。

⑤元：善之长也；大公无私，至德。

⑥时乘：顺时以动、乘势而发。

⑦六龙：卦体六爻。

⑧御：驾驭（自然规律）。

⑨天：自然规律。

⑩正：定，规正。性命：修养生息的规律。

⑪象：象辞，又称象传。易传云：象也者，像也。以自然现象喻示真理的意思。

⑫见（xiàn）：通“现”。

⑬乾乾：健而又健，反复操练，不断进步。

⑭无首：不以首领自居。

⑮文言：《文言传》，《十翼》之一，用于详述《乾》《坤》两卦的含义。

⑯干（gān）：干预，这里为主导、领导之意。下文“贞固足以干事”，也是这个意思：能对既定方针、政策、原则的坚守，就足以领导大家朝着正确的方向前进。

⑰遁世而无闷，不见是而无闷：远离世俗不感到孤单，正确的见解不被认可不觉得烦闷。有高人之行者，固见负于世；怀独智之虑者，必见骜于民。高尚的情操、高远的见识不被世俗、庸人理解，甚至招致他们的嘲讽也是正常的。

⑱乐则行之，忧则违之：顺乎心意就出面做些事，于心不乐宁愿闲散。

⑲确乎其不可拔：具有坚定不可动摇的操守。

⑳庸言之信，庸行之谨：有德君子即使身处平凡的岗位，或者事业还未有所成就的时候，也会表现出质朴、真诚的素养——平凡的言语充满诚挚的情感，平常的举止充盈严谨的礼节。

㉑伐：夸耀。

㉒夕惕若：即使夜间也能时时警惕。

㉓厉：有凶险。

㉔无咎：没有危害。

㉕修辞立其诚：说话的内容都发自于诚挚的感情。

㉖几：微，这里指细微的征兆。

㉗乾道乃革：因天道转化而造就事物由弱到强、或由强到弱的变革。

㉘辩：通“辨”，分辨的意思。

㉙重刚而不中：三爻由多重阳刚重叠而成，至盛至阳，但居位不中（中，

以及当位、不当位，见附录六——《读易简例》）。

㉚与天地合其德：他的德行像天地一样覆载万物。

【释义】

乾，讲述王者之道。作为王者，应有王者之气。王者之象包含元、亨、利、贞四个方面。

首先要有“元”之德。《乾·文言传》曰：元者善之长也。就是首先要做到至公（至为公平、想公众所想、做公众所需）。其次要做到“亨”之能，“亨者，嘉之会也”，就是各种最好的技巧、能力、人才的聚合。诸如大家所熟知的“石油大亨”“钢铁大亨”等亦有此意。再次要做到利与义的合和平衡——“利者，义之和也”。做好权利和义务的平衡，就能发挥人的积极性，促进科技进步，解放社会生产力，提高组织的运转效率。最后要做到对正确规则的坚守，对既定方向的坚持，方能展现出果敢无畏的气魄、义无反顾地带领追随者勇往直前。

以上四点体现了王者的勇健。乾卦初九到上九的发展历程，就是描述一个人从“初生之犊”到“君临天下”的德化，以及能力的积累过程。

太阳光芒四射，温暖热烈。它代表希望，代表活力，代表未来，给人们以奋发向上的鼓舞。易经用太阳运行带来四季交替，万物生灵都遵从这个天道规律休养生息、荣枯轮回的状况，类比告诫那些立志有为的人，做事的时候应坚定信念，自立自强，并能果断行动、制定规则，带领大家干好事业。

潜龙勿用，在你比较弱小的时候，就要立志发奋，打好基础，不要像半瓶子醋那样到处招摇晃荡。身份卑微不坠青云志，心怀天下、苦炼内功才是正道。枪打出头鸟，这时候出去招摇不会有好的运气。尺蠖之屈，以求伸也，龙蛇之蛰，以存身也，识时务者为俊杰。宰相起于州郡，猛将发于卒伍。没有基础的积累和岁月的砥砺就不可能造就将来的“一飞冲天”。

有人会说，我小时候没好好学习，长大了也没学到一技之长。难道注定这辈子就要一直‘潜龙勿用’下去吗？笔者认为，只要愿意进步，啥时候开始努力都不谓晚。好高骛远、悲观厌世才是真正的人生穷尽。'厌人者人厌，厌世者速死'，意思是一个人如果厌世，那么这个世界（生存环境）就一定会通过心理上、生理上、物质上的综合运行让他尽快灭亡、终结。逻辑关系大致如此：消极厌世——心里纠结拧巴——各项内分泌紊乱失调——疾病——不能工作养活自己——贫困——过度节俭影响营养摄入——贫病交加——冻饿或病死。

见龙在田，利见大人。优秀的人才碌碌无为地处在草莽之中，需要慧眼识珠的正人君子来发现并帮扶，这个人才才能成长起来。千里马也需要伯乐。而要想让人看中、栽培，自己首先要成为有德之人。

终日乾乾。这个阶段需要刻苦学习，努力训练。不断地做好应对实战的模拟演习。日积月累，逐渐成长，虽然展露头角的时候会有危险，但展露头角是利大于弊的。所有的努力都会辛苦，然方向、价值不同，努力的结果亦会有天壤之别。春秋时期有个叫宁越的种田人，发现自己务农，辛辛苦苦一年不过仅仅能养家糊口而已，于是开始努力做学问，终成帝王师。

战国时的李斯，年少的时候在州郡里做衙役，多次见到宿舍旱厕里有瘦骨嶙峋的老鼠因饥饿难耐而啮食不洁之物。后来他有机会进入官仓办差，见粮仓里的老鼠竟然如此的肥硕安逸。于是顿悟了一个哲理：同样是老鼠，为自己选择的处所不一样，它们的命运竟有如此大的区别，何况于人哉！于是决定高看自己一眼，毅然辞掉衙役之差，求师荀子学习帝王之术，终于辅佐秦始皇帝完成了辉煌的统一大业。

或跃在渊。自己真正强大起来了，需要跃跃欲试，让大家都知道我的存在和价值，就有可能一呼百应，干出一番事情来。杨雄说：时未可而潜，时可而升，潜升在己，用之以时，不宜亨乎？结合自身的条件，观察合适的时机，恰当地表现一下身手，没有坏处，说不定还会带来一些好处。

九五之位，飞龙在天。这就是通过之前的积累，不飞则已，一飞冲天；不鸣则已，一鸣惊人。同声相应，同气相求。意思是大人君子的思想言行都能够代表人民大众的利益和诉求，于是就能获得广泛的支持，获得巨大的成功。李斯的老师荀子说：志卑者轻物，轻物者不求助，苟不求助，何能举。意思是一个人怀着“万事不求人”心态自绝于这个共享、共赢的社会，必然是闭门造车，诸事难成。

每个人在自己的人生角色里都是自己这个岗位（角色）的“九五之尊”，这个角色没有人可以越俎代庖，也没人可以帮助他做出完全符合其自身状况、条件的选择；配合别人的工作时，又要做到“劳而不伐，有功而不德”（有功劳除了能保持低调、不去夸耀外，还要能做到主动辞功，归功于主导者）。既需懂得“帝王术”，又要修好“臣子道”。

万事万物都有它兴盛、衰落的自然规律。自己在某一方面的风头一旦过去了，也不要留恋坚守。与自然规律作对，只能自寻烦恼。活着的时候要珍惜光阴，珍惜生活。垂老的时候要坦然面对死亡。以优雅姿态迈入下一个维度的时空。

天行健，君子以自强不息。命运安排你带领大家去完成一项任务的时候，你就应该像大自然的日月运转、四季更替一样强势运作。不被外物所影响。所谓顺之者昌逆之者亡，不是缘于人的威势或狭隘的报复心，而只是因为他顺应自然规律，追随者跟他一样顺应自然规律的，必然共同发展、共同繁荣；违反自然规律的就必然要自取灭亡了。

天地之德曰生，圣人之宝曰位。真正的领袖位置不是争来、抢来的，是自然、社会选择的结果。否则，注定不会长久。

地球离了谁都能正常运转。机遇让自己成为领袖时，需要的不是小人得志般的沾沾自喜，而是首先掂量一下这份职责的分量。如果发现自己的几斤几两不足以担当这份责任，还是竭力推辞掉为妙。免得德行能力不足搞得自己焦头烂额、灰头土脸，最终沦为笑谈。

䷁ 第二节　坤——厚德载物

【原文】

坤，元，亨，利牝马[①]之贞。君子有攸往，先迷后得主，利西南得朋，东北丧朋。安贞，吉。

彖曰：至哉坤元，万物资生，乃顺承天。坤厚载物，德合无疆。含弘光大，品物咸亨。牝马地类，行地无疆，柔顺利贞。君子攸行[②]，先迷失道，后顺得常。西南得朋，乃与类行；东北丧朋，乃终有庆。安贞之吉，应地无疆。

象曰：地势坤，君子以厚德载物。

初六：履霜，坚冰至。

象曰：履霜坚冰，阴始凝也。驯致其道[③]，至坚冰也。

六二：直，方，大，不习无不利。

象曰：六二之动，直以方也。不习无不利，地道光也。

六三：含章可贞。或从王事，无成有终。

象曰：含章可贞；以时发也。或从王事，知光大也。

六四：括[④]囊，无咎无誉。

象曰：括囊无咎，慎不害也。

六五：黄裳，元吉。

象曰：黄裳元吉，文在中也。

上六：龙战[⑤]於野，其血玄黄。

象曰：龙战於野，其道穷也。

用六，利永贞。

象曰：用六永贞，以大终也。

文言曰：坤至柔而动也刚，至静而德方。后得主而有常，含万物而化光。

坤其道顺乎？承天而时行。

积善之家，必有馀庆⑥。积不善之家，必有馀殃⑦。臣弑⑧其君，子弑其父，非一朝一夕之故，其所由来者渐矣。由辩之不早辩也。易曰履霜坚冰至，盖言顺⑨也。

直其正也，方其义也。君子敬以直内，义以方外，敬义立而德不孤。直方大，不习无不利，则不疑其所行也。

阴虽有美，含之以从王事，弗敢成也。地道也，妻道也，臣道也。地道无成，而代有终也。

天地变化，草木蕃⑩。天地闭，贤人隐。易曰括囊，无咎无誉。盖言谨也。

君子黄中通理⑪，正位居体，美在其中，而畅於四支⑫，发於事业，美之至也！

阴疑⑬於阳必战。为其嫌於无阳也，故称龙焉。犹未离其类也，故称血焉。夫玄黄者，天地之杂也，天玄而地黄。

【注释】

①牝马：牝（pìn）马，雌马。

②攸：助词，犹“所”。此处意“有所作为”。

③驯：顺延。驯致其道，意即“如此下去”。

④括：《輶轩使者绝代语释别国方言》解释为“闭也”，犹言“束紧”。

⑤战：有“交接”“交合”“和合”之意。《说文》“壬”下：“《易》曰“龙战于野，战者，接也”。此处谓《说文》即《说文解字》，东汉许慎著，本书后同。

⑥馀庆：意外的吉庆。

⑦馀殃：意外的祸殃。

⑧弑（shì）：杀，以下犯上的杀戮。

⑨顺：循也，谓“沿循”，有长此以往之意。

⑩蕃：通“繁”，草木生发繁茂的样子。

⑪理：文理，通于道理。

⑫支：通“肢”。

⑬疑（níng）：通“凝”，此处意为“凝情”。

【释义】

坤为地道，为臣道。地无不载，人不知地之所为而万物成于地。人臣之道在于不伐其能、不夸其功。因为其能力能够得以展示，来自领导知人善任、给予机会；做事能够有所成就，也离不开领导的资源协调、多方援助。

萧何作为刘邦的丞相，是处坤之道的典范。他踏实低调、恪尽职守，在战乱颠沛的年代，为身在前线的刘邦守好后院，并能把兵马粮草源源不断地输送到前方。他任劳任怨，兢兢业业，绝不会因为能完成征兵、运粮任务而沾沾自喜、邀功请赏。故而深得领导的信任和器重。甚至到了后来，萧何感觉自己太有才、太能干了，掌握的资源太多了，不知不觉间就立下了盖世之功、形成了震主之威。于是就故意干点儿坏事，制造机会让领导贬损一下自己，同时也可以彰显一下领导的“英明神武”，避免其多疑不利于下一步的团结合作。

韩信的做派则是处坤之道的一个最鲜明的反例。他战功赫赫，无人能出其右。但只要一有成绩就会忘乎所以，得势时会毫不避讳地显露出自己的震主之威。同时，身处危局他又表现出优柔寡断和妇人之仁，不能果断造反，最终“身死妇人手”，沦为笑谈。

历史的评判是公正的。正直如司马迁，虽然同情韩信的遭遇，但最终也只是在《史记》里把他置于众多列传之一。忠厚低调如萧何，则被毫不吝惜地归入了“世家”之位。

人在工作生活中，有一定的自知之明、能够摆正自己的位置很重要。要么自己有足够的本事带头揭竿而起去建侯立业，要么就踏踏实实配合好主导者的工作。当然，这个主导和配合的角色都是动态的。例如部队里面，基层单位的排长是正位，大家都会努力做好自己的事、配合好他的工作，听从他的指挥；而在连队里面，连长是主导者，副连长、排长就变成了配合者、命令听从者了，以此类推……

在自己的岗位上做好自己的工作才是真的英雄。一个所谓的元帅，如果军事指挥昏招迭出、连吃败仗，那么他一定是个“尸位素餐”的混混。所以规劝大家，凡事应量力而为，想干大事就得早打基础，先让自己强大起来，只有干适合自己能力的事，处在适合自己能力的位置上，才能干得起劲、活得潇洒。得陇望蜀、好高骛远的人，善终者寥寥。

坤卦大象传的思想是，水至清则无鱼，人至察则无徒。厚德者，追随的人多，所能掌握、调动的各类资源亦多。

人年少时德积尚浅，谦卑之心必不可少。随着岁月的点滴积累，即使到了德厚位尊时，亦要保持谦逊之心，方可泽被广远、福耀后世。

“直其正也，方其义也。君子敬以直内，义以方外，敬义立而德不孤”。“直方大，不习无不利，则不疑其所行也”。处坤之道，就是培养自己勇敢、无畏的心志。如何培养呢？一个人的言谈举止是反映他内心精神气质的镜子，中正诚直的人，其行为举措所表现出来的是祥和，是坚毅；狭隘鄙陋之徒，邪欲歪念在心中鼓噪，给人的观感印象就是猥琐，是淫邪和狡诈。孟子云：胸中不正，则眸子眊焉。在正义充盈的清明治世，一些淫邪之徒招摇过市，必然会如老鼠过街人人喊打。

壁立千仞无欲则刚。内心保持中正诚直，必然威严自显，获得别人的敬重。这样我们与人交流的时候，必定也会站在对方的角度全面考量，为对方的利益、颜面等着想。既然有这个准备，还有什么事不敢做、什么话不敢说呢？

我们敬重遇到的所有人，不是因为他们是多么的高尚，多么的真诚无私值得尊重，仅仅只是因为我们在内心敬重自己的操守，与对方是君子还是小人没有关系：面对你时，我的谦卑、优雅和从容是我精神财富的展示，与你何干？

能做到正直、端方、宏大，自己的言行必然就会理直气壮、阳刚果敢，不会优柔寡断、怯懦无力。

几千年人类历史的事实反复证明的一个现实结论就是：没有哪个人能

够靠着自私、狭隘、阴险、吹捧巴结以及损人利己能够获得宏伟格局、完成伟大事业的。即使偶有得势的，也会迅速幻灭，难以长久。

平时保持正直无私的心态。在利益处置时有公平的方法。于是在这个纷繁复杂的社会中，不管面对正人君子还是猥琐小人，你都能做到进退自如，无所犹疑，阳光乐观地去面对、去解决。至于如何处理好和阴险小人的关系，见后文《第三十三节，遁》。

䷂ 第三节 屯——有所作为

【原文】

屯①，元亨，利贞。勿用有攸往，利建侯。

彖曰：屯，刚柔始交而难生，动乎险中，大亨贞。雷雨之动满盈，天造草昧，宜建侯而不宁。

象曰：云雷，屯，君子以经纶②。

初九：磐桓③，利居贞，利建侯。

象曰：虽磐桓，志行正也。以贵下贱，大得民也。

六二：屯如邅如④，乘马班如。匪寇婚媾⑤，女子贞不字⑥，十年乃字。

象曰：六二之难，乘刚也。十年乃字，反⑦常也。

六三：即鹿无虞⑧，惟入于林中，君子几不如舍，往吝⑨。

象曰：即鹿无虞，以从禽⑩也。君子舍之，往吝，穷也。

六四：乘马班如，求婚媾，无不利。

象曰：求而往，明也。

九五：屯其膏⑪，小贞吉，大贞凶。

象曰：屯其膏，施未光也。

上六：乘马班如，泣血涟如。

象曰：泣血涟如，何可长也。

【注释】

①屯（zhūn）：初生。《说文》曰："屯，难也，像草木之初生，屯然而难。"此处描述事物初创的艰难。

②经纶：《说文》言"经，织从线也……纶，青丝绶也"。这里以织

布比喻治国的道理。

③磐桓（pán huán）：徘徊流连，反复琢磨。

④邅（zhān）如：困阻难行的样子。

⑤匪寇婚媾：道不同不相为谋，不能强行媾和做事。

⑥字：古代女子许嫁称为“字”，如“待字闺中”。

⑦反：通“返”。

⑧虞（yú）：虞人，古代掌管山泽的官。无虞，意为没有官方许可、或没有有序组织的狩猎。

⑨吝：遗憾，憾惜。

⑩从禽：追猎禽兽。

⑪膏：肥肉和细粮。这里有广施利泽的意思。

【释义】

随厮养之役者失万乘之权，守担石之禄者厥卿相之位。每个有志向的人都有开创一番事业的期望。如果经历了前面乾卦的能力积累，坤卦的厚德载物，那么想去干点事就必然会水到渠成了。从初九到上六，描述了开创事业要经历的各个阶段和各种状况的应对之道。

虽然能力、品行都足以开始去干一番事业了，但仍需谨慎小心，反复琢磨，坚守中正之道，这样去开创事业、建立诸侯的时候才可以少走弯路。天地之大德曰生，圣人之大宝曰位。因事业还没有开始，有德有能但还没有恰当的位置，所以身边的人有认可的，也有不认可的。这都没有关系，不与民争利，而所做皆利民，民不从我，而从我所建，这也是共建事业的表现。

万事开头难，创业需要经历不断的进步和挫折。只要坚守心底的信念，耐得住寂寞、守得住本心，就能排除万难获得成功。史记有云：有高人之行者，固见负于世；怀独智之虑者，必见骜于民……论至德者不和于俗，成大功者不谋于众。英明睿智的人们在草创基业之初，不被庸愚之人所理解，甚至遭受他们的非议和破坏，也是意料之中的事。

成王败寇，趋红踩黑，大多数人都有从贵好富、嫌贫远败的天然取向。越是艰苦前行时越容易遇到这样的境遇，人之常情，无须心生怨恨。肉体和灵魂的历练本来就是走向成功的必要积累。

创业行事中会遇到太多的机会和希望。君子有所为有所不为，所有言行都应注重筛选和甄别。拥有独立的思考判断能力，多听取专家、内行的意见建议，让专业的人干专业的事。缺乏某个方向的人才时，宁愿放弃也不可贸然试险。

最好的与人交往、做生事的状态莫过于来自对方的需要和邀请。跟人打交道，要明白自己之于对方有什么价值（物质、精神等），一味地索取必然不可长久。平等互利才是真理。

创业有所成就，应广施利泽。弱小者的凶险来自于心神不专、摇摆不定。而丰大者应不分远近亲疏而广施利泽，狭隘偏私必导致丰大之德穷尽，酝酿凶险。

创业容易守业难。有所成就之后如迷失进取之道，会得不到众人的感应支持。失道寡助，必不长久。

䷃ 第四节　蒙——学以致用

【原文】

蒙，亨。匪①我求童蒙，童蒙求我。初噬②告，再三渎，渎则不告。利贞。

彖曰：蒙，山下有险，险而止，蒙。蒙亨，以亨行时中也。匪我求童蒙，童蒙求我，志应也。初噬告，以刚中也。再三渎，渎则不告，渎蒙也。蒙以养正，圣功也。

象曰：山下出泉，蒙，君子以果行育德③。

初六：发蒙④，利用刑人⑤，用说⑥桎梏。以往吝。

象曰：利用刑人，以正法也。

九二：包蒙，吉。纳妇，吉。子克家。

象曰：子克家，刚柔接也。

六三：勿用取⑦女。见金夫，不有躬⑧，无攸利。

象曰：勿用取女，行不顺也。

六四：困蒙⑨，吝。

象曰：困蒙之吝，独远实也。

六五：童蒙⑩，吉。

象曰：童蒙之吉，顺以巽⑪也。

上九：击蒙⑫。不利为寇，利御寇。

象曰：利用御寇，上下顺也。

【注释】

①匪：通“非”。

②噬（shì）：用著（shì）草演卦占问。这里指学生问疑求决。

③果行育德：用正直果决的言行对学子进行教育。

④发蒙：启发童蒙。

⑤用刑人：树立模范典型。

⑥说：通“脱”，解脱于……。

⑦取：接纳。

⑧不有躬：不顾自身体统。

⑨困蒙：遭遇困顿方才想起需要求学致知。有迫不得已才去求学之意。

⑩童蒙：谦虚巽顺，像孩童一样地接受师长的教导。

⑪巽（xùn）：逊顺。

⑫击蒙：矫枉必须过正，用严厉的方式让被教育者顿悟、猛醒。

【释义】

清醠（àng）之美，始于耒耜（lěi sì）；黼黻（fǔ fú）之华，在于杼（zhù）轴。为人师者，必须首先做到正直无私，否则祸患无穷，不如无师。既然国家在主导教育资源，那么这个国家一定要做好教师的选用，从制度上、法律上杜绝学术腐败、品行不端的败类混入教师队伍，否则必然祸国殃民、害人害已，执政之道日衰。

形而上者谓之道，形而下者谓之器。

教，是授之以器，让学生提高发现问题、解决问题的能力；育，是授之以道，用以建设学生的人格，构建学生的人生观和价值观。所以，家长在教育上也是举足轻重的一个环节。这就是同样的学校、同样的老师，家风好的学生更容易脱颖而出的原因。

学生学本领、学技术固然重要，但绝不能以分数为导向，否则会造就遍地书呆子。“育”之可贵，除了建设学生的人格，有利于学生更好地使用他学到的技能外，还可以培养学生独立思考的习惯，赋予其创造思维。

道者，人生之纲；器者，人生之目。纲举方能目张。纲之不举，学生学习再多的知识能力，不过是“器”的堆砌物、行走的工具袋而已。培养的学生若道德不能驾驭其能力，危害甚于白丁。

故教育者，德育为先。

初六：用自身中正的言行作为学生表率。帮助他们脱去蒙昧的枷锁。这时候要是急于求成，学子没有充分理解其中的道理而强行规制、服从，会留下遗憾。

九二：包容培育一些可造之材，像娶入贤内助一样迎来贤良的学生。致使晚辈能够立业齐家。

六三：一些无心求学的，以及那些本质不良、志大才疏之辈，坚决不能接收、教育他。发现一些学生孺子可教，即使屈尊前往，亦要教之育之，使之成器。

六四：遭遇困顿方才想起需要求学致知。这时候才会懂得后悔当初没有好好学习、增长知识技能。这都是当初好高骛远、心浮气躁脱离实际的恶果。

六五：接受教育的人们应该保持谦逊恭顺的心态，以获取正确、扎实的知识和技能。

上九：应该理顺老师和学生的关系，循序渐进地教学。不应对学生强行灌输文化知识和技能。对于那些出格的、发生原则性错误的学生，矫枉必须过正，应给予严厉的批评教育，让其震撼猛醒。

䷄ 第五节　需——静心等待

【原文】

需，有孚①，光亨，贞吉。利涉大川。

彖曰：需，须也。险在前也。刚健而不陷，其义不困穷矣。需，有孚，光亨，贞吉。位乎天位②，以正中也。利涉大川，往有功也。

象曰：云上于天，需；君子以饮食宴乐。

初九：需于郊。利用恒，无咎。

象曰：需于郊，不犯难行也。利用恒，无咎，未失常也。

九二：需于沙。小有言，终吉。

象曰：需于沙，衍③在中也。虽小有言，以吉终④也。

九三：需于泥，致寇至。

象曰：需于泥，灾在外也。自我致寇，敬慎不败也。

六四：需于血，出自穴⑤。

象曰：需于血，顺以听也。

九五：需于酒食，贞吉。

象曰：酒食贞吉，以中正也。

上六：入于穴，有不速⑥之客三人来，敬之终吉。

象曰：不速之客来，敬之终吉。虽不当位，未大失也。

【注释】

①孚（fú）：诚信。

②天位：实至名归、九五正中之位。

③衍（yǎn）：宽衍，绰绰有余。

④吉终：流传刻本作“终吉”，此处根据《十三经注疏校勘记》校改。

⑤穴：险陷。

⑥不速：不请自来。

【释义】

要成就一件事，等待时机成熟是至关重要的。本节讲述等待时机到来时应保持的心态和处事方法。人们在等待的时候通常会着急上火，爱钻牛角尖，犹锅中蚁，如鼓上蚤。易经教给我们等待的正确姿势是“君子以饮食宴乐”——没什么大不了的，自己把该做的准备做足了，该是我的它跑不了，不是我的还想要那是自寻烦恼，可能别人更得天时地利人和呢?

所以等待的时候，根据所处的不同阶段和情况，调整好自己的姿势和心态即可。

初九：等待的时候有置身事外的心态和持之以恒的主见，保持远之不惰，近之不燥的常理。这样子就不会有什么危害。

九二：在时势渐进的时候等待，还有从容应对的余地，不因言语中伤而失去平静等待的心态。

九三：在时势逼近的时候等待，犹如面对强寇来犯，举止失措，不能够从容应对。因自己的失误造成灾祸外来。这时如能心怀敬畏，谨慎面对，可防危败。

六四：冒然对抗时势必然头破血流，还不如识时务而避之。这时需要冷静期待而顺从听命于时势。

九五：在饮食宴乐中等待时机。苏东坡说，敌至而不忌，非有余者不能。意思是说有足够的能力、资源、手段来解决即将到来的事态。居位中正，能力有余。如此气势，则可以友来为助、敌来为资。对于不识时务的恶人，即可替天行道、灭之以义。

上六：需待的情况到了穷尽的境地，时势不利，应退守以自固。不管愿不愿意，意想不到的事情要发生的时候，应予以正视，恭敬相待，也不会出现更大的损失。

☰☵ 第六节　讼——适可而止

【原文】

讼，有孚窒惕[①]，中吉。终凶[②]。利见大人，不利涉大川。

彖曰：讼，上刚下险，险而健，讼。讼，有孚窒惕，中吉，刚来而得中也。终凶，讼不可成也。利见大人，尚中正也。不利涉大川，入于渊也。

象曰：天与水违行，讼，君子以作[③]事谋始。

初六：不永[④]所事，小有言[⑤]，终吉。

象曰：不永所事，讼不可长也。虽有小言，其辩明也。

九二：不克讼，归而逋[⑥]，其邑人三百户，无眚[⑦]。

象曰：不克讼，归而逋也。自下讼上，患至掇[⑧]也。

六三：食旧德，贞厉，终吉，或从王事，无成。

象曰：食旧德，从上吉也。

九四：不克讼。复自命，渝[⑨]，安贞吉。

象曰：复即命，渝，安贞不失也。

九五：讼元吉。

象曰：讼元吉，以中正也。

上九：或锡[⑩]之鞶带[⑪]，终朝三褫[⑫]之。

象曰：以讼受服，亦不足敬也。

【注释】

①讼，有孚窒惕：孚，诚信，这里指实情。实情被窒塞掩蔽，于是需要警惕申辩，发起争讼。

②终凶：得理不饶人，揪住不放、争讼不息，一条道走到黑，必然带

来凶祸。

③作：发起，作俑。

④永：长久的纠缠。

⑤言：怨言，言语中伤。

⑥逋（bū）：逃亡。

⑦眚（shěng）：灾祸。

⑧掇（duō）：通“多”。

⑨渝：改变。

⑩锡（cì）：通“赐”，赏赐。

⑪鞶（pán）带：宽厚的衣带，这里指高官厚禄。

⑫褫（chǐ）：剥夺。

【释义】

大多数人出门做事的目的并不是奔着打官司去的。最后搞成彼此怨气冲天，甚至对簿公堂的原因，要么是有人见利起意，要么是有人傲慢失职，或两者兼而有之。

见利起意的人固然不好，但造成对方见利起意的这个合作者也有责任：慢藏诲盗，当初为什么不在合作之初或者草拟章程的时候把各种可能谈好呢？

傲慢失职的人固然不好，但造成对方傲慢的这个合作者是不是也有责任呢？例如是不是得自省一下，自己的某些缺点和狭隘导致了对方的不屑？即使自己没有什么缺点狭隘，那么当初合作的时候怎么就轻率地选择了这么一个容易傲慢的人做合作方呢？

不管是生活所迫，还是追求利益的最大化，都不是蒙蔽双眼、轻率选择合作方的理由，否则必然咎由自取。

我们在日常工作生活中，要和很多人打交道。有聪明智慧的，有愚昧无知的，有见多识广的，也有鼠目寸光的。于是我们说的话、做的事少不了会被人误解或歪曲，对我们造成损害。这时需要通过申诉来还原真相，于是就要诉讼。

摊上诉讼肯定算不上什么好事。利见大人的意思是，不可以向当事的对方申辩，没意义（说不定对方本来就是在故意收拾你），需要找德高望重的正人君子进行裁决。

君子以做事谋始。告诫人们，要想不摊上诉讼一类的事，做事前需要考虑一下后果，不可以有损害他人、妨碍他人的想法和言行。

初六：摊上事了，不可以无休止地缠斗不清。快刀斩乱麻不失为明智之举。这样做有时候看似吃亏了，也可能不被人理解，导致一些蔑视和怨言。但应该想明白，对方是不是用他低价值的时间和精力在消耗你高价值的时间和精力，结束这种状态是不是有利于腾出时间和精力去做更有价值、更有意义的事?

九二：万一误会很深或确实是自己失误造成了纠纷，需要果断接受裁决，迅速撤离。因自己的错误导致了众叛亲离，失众知惧，犹可少安。以下讼上有两种状况：第一种是下作、有不良企图的人向高尚无辜者发起官司，第二种是地位低下但有理有据的人诉讼位高权重的人。两种状况都要迅速撤离。第一种情况下不要抱有侥幸心理，应该趁早去干点儿正事。第二种情况，天地否闭之时的人们需要识时务，暂时蛰伏可免咎害。所谓位高权重也不过是得势一时，大可静观其变。再说了，前面提到“君子以做事谋始”，当初既然知道得罪不起，不去招惹人家也就好了。这样看来，即使输了诉讼也是咎由自取。

六三：本事不足但家传有余，祖德丰厚，积累了一些财富。需要坚守正道，切勿怀有非分之想，觊觎不当得利。否则这点祖荫很快就会被败光。踏实本分地追随正直的人做事，获取应得利益的时候不可夸耀自己所谓的功劳。

九四：官司失利没有达到期望的利益，也得反思自己是不是也有错误，或者自己要求过高。调整自己的诉求，保持正直无怨的心态，安分守己就会有所收获。

九五：九五之讼的意思就是作为中正厚德的裁判者，来公正裁决别人的诉讼。如果能够像文王之决虞芮之讼，不知不觉间让争端自息，才是裁决的最高境界。

上九：因打官司而获得额外的财物和地位，不是什么值得夸耀的事情。说不定宣扬出去还会丢人现眼。

䷆ 第七节 师——兴师动众

【原文】

师[1]，贞，丈人[2]吉，无咎。

彖曰：师，众也。贞，正也。能以众正，可以王[3]矣。刚中而应，行险而顺，以此毒[4]天下，而民从之，吉又何咎矣。

象曰：地中有水，师，君子以容民畜[5]众。

初六：师出以律，否臧[6]凶。

象曰：师出以律，失律凶也。

九二：在师[7]，中吉，无咎。王三锡命。

象曰：在师中吉，承天宠也。王三锡命[8]，怀万邦也。

六三：师或舆尸[9]，凶。

象曰：师或舆尸，大无功也。

六四：师左次[10]，无咎。

象曰：左次无咎，未失常也。

六五：田有禽，利执言[11]，无咎。长子[12]帅师，弟子舆尸，贞凶。

象曰：长子帅师，以中行也。弟子舆师，使不当也。

上六：大君有命，开国承家[13]，小人勿用。

象曰：大君有命，以正功也。小人勿用，必乱邦也。

【注释】

①师：兵众。这里泛指带领众人行事一类的行为准则。

②丈人：贤明长者。

③王：成为王者之师。

④毒：经纶，攻伐，统治。

⑤畜：通“蓄”。这里有蓄聚，聚养的意思。本书后续有“小畜”“大畜”皆为此意。

⑥臧（zāng）：通“藏”。此处有蕴含凶祸的意思。

⑦在师：读“在视”之“在”。这里意为视师，率师。

⑧三锡（cì）命：锡通“赐”。王三赐命，授予诸侯全权宰割地方事务、授予将军全权统帅军队的权力。甚至“先斩后奏”。《太公六韬》记载：天子当面告知将军帅师外出征伐，是“一赐命”。将军斋戒三日，卜算吉日，至太庙接受天子授予斧钺。天子持斧钺，授将军以斧钺之柄，并告诉将军，从此上至天者、下至渊者，将军制之，是“二赐命”。将军受命，拜而报君曰：“臣闻国不可从外治，军不可从中御，二心不可以事君，疑志不可以应敌。臣既受命专斧钺之威，臣不敢生还。愿君亦垂一言之命于臣，君不许臣，臣不敢将。”于是天子许之，是“三赐命”。三赐命成，无天于上，无地于下，无敌于前，无君于后（得专制之权）。是故智者为之谋，勇者为之斗，气厉青云，疾若驰骛，兵不接刃而敌降服。这里着重描写‘三锡命’，是为了阐明授权行事必须具有仪式感。用来体现授权人用人不疑的气魄，强化被授权人的使命感和责任感。西方国家总统上任需要宣誓，近年来我们国家各级政府领导人上任也开始授命和宣誓了，不是向西方学习，而是我们重拾几千年前的做法而已。

⑨舆尸：是‘尸’占要职的意思。古人祭祀祖先的时候，从被祭祀者的孙辈中选一人，服先人的衣裳帽子，居上位代替亡者接受祭拜。这个替代亡者的人被称为“尸”。本文“舆尸”，意指选了一个“尸位素餐”、没有实际能力的家伙来指挥行军打仗。后文“弟子舆尸”，亦为此意。

⑩左次：暂守，按兵不动，撤退。

⑪言：助词。

⑫长子：贤明长者，与上文“丈人”同义。

⑬开国承家：分封诸侯、卿大夫。

【释义】

师这个字，古代有领兵打仗之意。这里适用于除了领兵打仗之外的类似于一个人带领很多人做事的情况。例如工程上项目经理带领很多工人干活儿、公司老板主导企业运营等。

要想带领大伙干成点儿事，领导者首先要坚守正道。没有一颗果敢正直的心，必然留不住冲锋陷阵的人。如果时势运气让我们有这么个机会带领大家做点儿事，那么就应该做到坚守正道、厚德容人，这是一个合格领导者的基本品格。

初六：率众行事，必须立规矩、守规矩。纪律不严明，虽然可能大家都是心怀善意，但也不能避免灾祸。结果必然会一塌糊涂，做生意一事无成，对抗竞赛一败涂地。

有人违反了纪律，去干了件有利于集体的事。看似有些功劳，但也必须予以处罚。不能有所谓“功过相抵”的愚昧想法。因为这样下去，会有更多的人打着有利集体的幌子去以身试法，搞得鱼龙混杂、个人英雄主义盛行，无章法无纪律，一发不可收拾。

战国时，吴起带兵跟秦国打仗。还没号令进攻的时候，队伍里有个勇士按捺不住兴奋之情，突然跑到秦兵阵中杀了两个秦兵，并带回了他们的头颅。吴起命斩之。有军吏进谏说这可是壮士一枚，杀了可惜。吴起说我知道他是壮士，但坏了规矩。于是斩杀壮士。

九二：受命于领导带领团队前往完成使命的时候，在组织内部主持事务应保持中正无私，不允许拉帮结派和徇私弄巧。所谓名正言顺，既然帝王选定了带兵行师的将帅，就应该按照合理的规矩予以郑重的授权——对品德高尚、心怀天下的将帅授命于朝、授赈于社、授斧钺于庙，以示全权委托授予专制之权。

六三：要有高于众人的眼光和洞察时局的智慧，否则必须让贤自保。如果品德不济、能力不足，像个安放在大车上的傀儡一样尸位素餐、勉强带队，只能屡败屡战，害人害己。

六四：时势不利的时候不可冒进。休整蓄势，可以免受额外损失。掌雄兵，守雌位，观火以动，后发制人。

六五：机会到来时应该果断出击，收获战果，不会有啥损失。兵者，国之大事，关系到国家的兴衰存亡。作为统帅，选择拟派出去的将领要慎重。派出忠诚正直、勤勉务实的君子必会马到成功；选择无德无能、尸位素餐的虚浮之辈前往，必将败损而还。

上六：师出严其律，师休正其功。分配战果的时候应该论功行赏。君子正功可以据要职，小人奇胜可以多财货。不求苟胜，方能正功。为了结果不择手段，虽达到了目的、取得了胜利，但丢失了声誉，属于奇胜不属于正功。如果以一胜之功就分封其为诸侯大夫，必会埋下危机。《史记·乐毅列传》有云：‘臣闻贤圣之君不以禄私亲。其功多者赏之，其能当者处之。故察能而授官者，成功之君也……’。这就是对有功劳和有能力的员工差异化对待的正确论述。

䷇ 第八节 比——物以类聚

【原文】

比[①]，吉。原筮[②]，元永贞，无咎。不宁方来，后夫凶。

象曰：比，吉也。比，辅也，下顺从也。原筮，元永贞，无咎，以刚中也。不宁方来，上下应也。后夫凶，其道穷也。

象曰：地上有水，比，先王以建万国[③]，亲诸侯。

初六：有孚比之，无咎。有孚盈缶[④]，终来有他，吉。

象曰：比之初六，有他吉也。

六二：比之自内[⑤]，贞吉。

象曰：比之自内，不自失也。

六三：比之匪人[⑥]。

象曰：比之匪人，不亦伤乎！

六四：外比之[⑦]，贞吉。

象曰：外比於贤，以从上也。

九五：显比，王用三驱[⑧]，失前禽。邑人不诫[⑨]，吉。

象曰：显比之吉，位正中也。舍逆取顺，失前禽也。邑人不诫，上使中也。

上六：比之无首，凶。

象曰：比之无首[⑩]，无所终也。

【注释】

①比：亲比，亲附。

②原筮（shì）：当初前来的筮仕。筮仕，官员。这里指君王、领导者的从属官吏。本段意指善待先来比附的从属，还没打算来的能人志士、英

雄豪杰就会络绎不绝地陆续前来比附。

③建万国：如上节，开国承家，分封建制诸侯、卿大夫。

④有孚盈缶：用“美酒盈缸”来喻示“诚挚的美德充盈天下”。

⑤比之自内：发自内心的期望比附、合作。

⑥匪人：不是合适的人选。

⑦外比之：降低身段前往对方，寻求比附。诸如小说里所谓“三顾茅庐”之情形。

⑧三驱：驱，通“去”。引用汤王四方合围去其三面的典故，来喻示收诸侯先收其心、四方求比莫若其主动来朝——“汤教祝网者，而四十国朝；文王葬死人之骸，而九夷归之”。

⑨不诫：不戒备。近者心安而远人来，心宁则无惊惧戒备。

⑩无首：不主动求比。欲得人者，必先下于人：我发现一个人才，不主动前去招徕合作，难道还要等另外有慧眼识珠的人先去请走吗？

【释义】

比，即为比附，跟谁一起混的意思。不管求比于人，还是别人前来投靠比附，都要审慎选择。苏轼说，比非其人，今虽吉，后必有咎。

例如为官一任，有时想要谋个靠山（所谓政治资源），如果这个靠山心术不正，出事的时候必然跟着一起倒霉；无德小人花言巧语前来投靠，一时高兴就笑纳了，今后他捅出篓子，就会连累到自己。

“国中有士，犹地上有水，善处下着所得多焉”，此谓谦以纳才。

“竭泽而渔，则蛟龙不处其渊；覆巢破卵，则凤凰不翔其邑……君子违伤其类也，鸟兽之于不义尚知避之，况于人乎？”。此谓德以引士。

大人君子欲成大事，应该树立正义的旗帜，谦卑友善、厚德载物，号召仁人志士、优秀人才前来比附共事。于是他们前来做事时就能够保持光明无私、相互辅助的心态。

大家都能做到收取应得之收获，放弃不义之欲得，才是保持长治久安的心态。这时候正人君子需要担当起领袖责任，否则大家无所归附，必将涣散败亡。

初六：弱小者满怀诚心前来比附，接纳他不会有什么坏处。还能因此广开纳贤之名，必然吉祥如意，招徕更多贤能的人前来共事。燕昭王以“千金求马骨”之典故而贵郭隗，于是乐毅、邹衍、剧辛等英才贤士接踵而来，燕国大振。

六二：不爱亲而爱他人者，谓之悖德；不敬亲而敬他人者，谓之悖礼。只有首先做好自己的德行修为，摆正自己的位置，怀有正直本分之心，前往比附前途远大的有德君长，才有可能被接纳同行，获得向好发展的希望。

六三：经常接触什么样的人，就会习惯于去走什么样的路：穷人会教你如何节衣缩食、委曲求全；小人会教你如何坑蒙拐骗、占人便宜；牌友只会怂恿赌钱、酒友只会攀比干杯。人们如果不能明辨是非，常亲密比附于那些行为不当、蝇营狗苟的小人，岂不可悲可叹？

六四：物以类聚，人以群分，虽然没有利益诉求，正人君子也都乐意比附于贤明尊长。这是多么快乐光明的事情啊！“诸侯无亲，以诸侯为亲；大夫无党，以大夫为党”。诸侯和大夫不会拉帮结派，但信赖他们的人会主动前往团聚比附。

九五：遇合围之网，汤王令去其三面，于是天下归心。有德尊长会让比附的人们来去自由。即使失去一些不是特别情愿合作的人，也未免不是好事。这样即使荒远村邑的人也会去除戒心，安心归附。光明无私地与人亲比，吉祥，没有危害。

上六：曲高和寡，位高无徒，又拉不下面子前去比附那些后起之秀。这样下去必然会被这个时代所抛弃。

䷈ 第九节　小蓄——纳贤致用

【原文】

小畜[①]，亨。密云不雨[②]，自我西郊[③]。

彖曰：小畜，柔得位而上下应之，曰小畜。健而巽，刚中[④]而志行，乃亨。密云不雨，尚往也。自我西郊，施未行[⑤]也。

象曰：风行天上，小畜，君子以懿文德[⑥]。

初九：复自道，何其咎，吉。

象曰：复自道，其义吉也。

九二：牵复[⑦]，吉。

象曰：牵复在中，亦不自失也。

九三：舆说[⑧]辐，夫妻反目。

象曰：夫妻反目，不能正室也。

六四：有孚，血[⑨]去惕出，无咎。

象曰：有孚惕出，上合志也。

九五：有孚挛如[⑩]，富以其邻[⑪]。

象曰：有孚挛如，不独富也。

上九：既雨既处，尚德载，妇贞厉。月几望，君子征凶。

象曰：既雨既处，德积载也。君子征凶，有所疑也。

【注释】

①小畜：以微小收蓄宏大、以柔弱收蓄健强、以阴柔收蓄阳刚。

②密云不雨：蓄而不发。

③自我西郊：从西边的郊外观察。这里有“冷眼旁观，审时度势”之意。

④刚中：九二、九五都属于“阳刚居于正位”。

⑤施未行：引而未发。

⑥懿（yì）文德：懿为美。彰显美好的品德。

⑦牵复：被内心中正的追求牵引而复返正道。

⑧说：同“脱”。

⑨血：通“恤”，忧虑。

⑩挛：牵连、拉拢。

⑪富：丰富。这里用作动词，有“使丰富”“增益”的意思。以：凭借。

【释义】

强盛君子用盛德广纳人才，阴柔弱小者用姑息养奸蓄祸。本节描述阴柔者如何纳求阳刚，柔弱者如何纳求强大。纳才以德，凡有才能者皆可为所用；纳才以姑息，唯君子方可与谋事。

汉高祖刘邦文不如张良，武不及韩信，德不过萧何。只能放任手下人员各得其用。于是魏豹两次背叛，韩信尾大不掉还有造反的可能，彭越、黥布需许愿利诱方能为助。唯张良、萧何等德能双茂之英才，才能自始至终、真诚如一地协助追随，于是身无所长的刘邦得以畜才而得天下。说明小畜亦可成大事。

有才干的人不会轻易地被阴柔弱小者收服使用。他需要观望这个要被自己辅佐的人是不是赏罚得当、诚信有操守，自己前去是不是能够有所作为。密云不雨，非不能也，诚不欲随意“雨”也。自我西郊：需要置身度外冷静观察，在畜而必发的时候方可避免“遇人不淑”。当初郭嘉审视袁绍而最终离开的时候对同伴们说：“夫智者审于量主，故百举百全而功名可立也。袁公徒欲效周公之下士，而未知用人之机。多端寡要，好谋无决。欲与共济天下大难，定霸王之业，难矣。”去而投曹操。曹操召见后说：“使孤成大业者，必此人也。”于是郭嘉开始了他的开挂人生。

初九：在某一方面强健有能力的人，被外行领导，那么在自己钻研的领域会毫无节制地发展，带来凶险。苏轼说，强健不知抑止必然导致凶祸。

就像汽车拥有强健有力的发动机，如果不配上相应强大的刹车系统，必然更容易出车祸。所以某一方面有特长的人，应该凭自己的一技之长，寻找用武之地。避免和不懂自己价值的人共同做事，否则应该果断离开并寻找适合自己发展的正道。

九二：具有专长的人已经参与到不适合自己的事业后，发现所从事的事情不适合自己而果断离开，引退复返自认为的阳刚之道。说明这时候自己还没有迷失自身的追求。

九三：已经深入参与其中，即使发现苗头不对，也难以抽身脱离。价值观和处事理念不同，必然难以长久。容易和老板反目成仇。夫妻反目——刚柔相克。历史上有这样的名人，如白起、韩信，最终都和自己的老板闹崩了。

六四：作为组织者、主导人，没有特长、强健之处，却要纳畜英才以成事。只能广施诚信以告之。唯至诚为能参赞天地之化育，只要心怀诚信，确保有能有德的人得官，有能寡德的人得财，赏必加于有功，罚必断于有罪。这样内忧外患都会逐渐消除（血，恤也，内忧；惕，外患），顺势而为，必无咎害。

九五：无差别地施信于人，怀有赤城之心，与别人合作共赢，因其功而富其业。人世间最便捷、最高效的处事之道莫过于真诚。不管对方是尊长还是从属、是君子还是小人，牵连、拉拢他们的时候都能如实表露自己的诚恳之心。对方是什么人不重要，这不影响自己诚恳的本心。只不过在遇到小人时在内心多了些防备而已。张良、萧何就属于这类人。

上九：畜聚之德圆满，言出必信、令行禁止。大家保持积极正直的本心团结而行，方可共渡前路的凶险，群策群力、立业建侯。这时候若有人离群而去，势单力薄，必将罹患艰险。

☰ 第十节　履——兢兢业业

【原文】

履[①]。履虎尾，不咥[②]人，亨。

彖曰：履，柔履刚也。说[③]而应乎乾，是以履虎尾，不咥人，亨。刚中正，履帝位而不疚[④]，光明也。

象曰：上天下泽，履，君子以辨上下，定民志。

初九：素履[⑤]，往无咎。

象曰：素履之往，独行愿也。

九二：履道坦坦，幽人贞吉。

象曰：幽人贞吉，中不自乱也。

六三：眇[⑥]能视，跛[⑦]能履，履虎尾，咥人，凶。武人为于大君。

象曰：眇能视，不足以有明也。跛能履，不足以与行也。咥人之凶，位不当也。武人为于大君，志刚也。

九四：履虎尾，愬愬[⑧]终吉。

象曰：愬愬终吉，志行也。

九五：夬履[⑨]，贞厉。

象曰：夬履贞厉，位正当也。

上九：视履考祥，其旋[⑩]元吉。

象曰：元吉在上，大有庆也。

【注释】

①履：小心行走，意指对工作岗位的敬畏之情。

②咥（dié）：咬。

③说（yuè）：通“悦”。

④疚：病，痛。

⑤素履：朴实无华地履行职责。

⑥眇：眼有疾患。

⑦跛：足有伤残。

⑧愬愬（suǒ suǒ）：恐惧的样子。本文有因恐惧而小心谨慎之意。

⑨夬履：刚健果决地履行职责。

⑩旋：回头看、反躬自省。

【释义】

人生在世，无论家庭生活还是单位工作，都应谨慎履行自己的义务担当。不管是在家履行为人父母、为人夫妻、为人子女的义务，还是在工作岗位上履行职责，都应该有如履薄冰、如临深渊的敬畏之心。否则必然家业不稳、险象环生。

物畜然后有礼，故受之以履。履行职责，需要明辨上级的指示、下属的任务，清楚自身的处境，遵从事业之礼，谓之敬业。

明确大家努力的目标。践行职责时会遇到以下几种状况。

初九：心地纯正、朴实无华地履行职责。处在较低的位置，虽难以有所建树，但也不会有啥害处。

九二：才全德厚，事业前途一片光明。履行职责的时候保持内心正直中和的心态，会不断获得成绩。

六三：人应该有自知之明。因机缘巧合弄了个自己德厚不足以服众、能力不足以玩转的岗位，要懂得辞让。辞让这一举动本身也属于厚德之行为。这样即使推辞不过，德亦已配位，履行职责，已无大碍。那些尸位素餐、自身品行能力不够、遇到问题就搬出强大后台来威胁别人的人（履虎尾，咥人），一定会千金散尽、一无所成。至于品德不够、情商不高的偏才、怪才，最好建议他们去追随那些英明能干、德高望重的大人君长，方能谋得用武之地。

九四：搞了一个勉强胜任的岗位，必须像跟随老虎走路一样时刻保持警惧小心，这样才能善始善终，吉祥如意。

九五：谋得自己德才皆配的岗位，要珍惜机遇。可以刚健果决、大刀阔斧地干一番。但同时也须不忘初心，拒绝诱惑，坚守正道，以防凶险。

上九：高居尊位，也要常回回首，看看来时的路。总结一下人生得失，以诫勉后生。这样必然会至为吉祥，可喜可贺。

☷☰ 第十一节　泰——光明盛世

【原文】

泰，小往大来，吉，亨。

彖曰：泰，小往大来，吉，亨。则是天地交而万物通也，上下交而其志同也。内阳①而外阴②，内健而外顺，内君子而外小人，君子道长，小人道消也。

象曰：天地交，泰，后③以财④成天地之道，辅相天地之宜，以左右民。

初九：拔茅茹，以其汇⑤，征吉。

象曰：拔茅征吉，志在外也。

九二：包荒⑥，用冯河⑦，不遐遗，朋亡⑧，得尚于中行。

象曰：包荒，得尚于中行，以光大也。

九三：无平不陂⑨，无往不复，艰贞无咎。勿恤其孚，于食有福。

象曰：无往不复，天地际也。

六四：翩翩⑩不富⑪，以其邻⑫，不戒以孚。

象曰：翩翩不富，皆失实也。不戒以孚，中心愿也。

六五：帝乙归妹⑬，以祉元吉。

象曰：以祉元吉，中以行愿也。

上六：城复⑭于隍⑮，勿用师。自邑告命⑯，贞吝。

象曰：城复于隍，其命乱也。

【注释】

①内阳：接纳阳刚。

②外阴：摒除阴柔。

③后：君主。

④财：通“裁”。

⑤汇：类。

⑥荒：大川。

⑦冯（píng）河：涉越河流。

⑧朋亡：失去同类朋友。

⑨陂：通“坡”。无平不陂，没有平坦就不能彰显险峻。

⑩翩翩：轻浮躁动的样子。

⑪不富：无大业——富有之谓大业。翩翩不富，意思为轻举者无宏功。

⑫以其邻：以，与。

⑬帝乙归妹：帝乙，商代帝王之名，此处指商汤王。归，古代女子出嫁之谓。妹，少女。归妹意指“嫁出少女”。

⑭复：通“覆”。

⑮隍：护城河。

⑯告命：告，通“诰”。在城墙上颁示公告。

【释义】

天地合则收成高，上下合则内耗小。对于国家来说，泰是社会通达，是政治清明，是民主民治。武王有臣民三千，同心同德，故可以所向披靡，属于上下交融的泰治。对于家庭、公司来说，泰是正气充盈，是治理有方，是上下一心。小往大来可以理解为小人滚蛋而君子当值，也可以理解为收入大于成本。两者殊途同归，描述了一个前途通泰、欣欣向荣的景象。

居安思危，通泰之时会有如下几种状况：

初九：家和万事兴。大家团结一心，有所行动，必有收获。

九二：交朋友泥沙俱下，收纳畜养无用的闲人，使用一些徒有勇气的愣头青。属于以君子之位而怀小人，会导致身边正直的朋友不理解而离去。但却能因追随公正有德的尊长，获得上级领导的信任和支持，所以也可保持光大安稳。

九三：有坦途必有坎坷，有付出必有收获。通泰的时代也会有困顿，坚守正道，就不必担心有何信用危机。只管安享自己的薪俸和福分即可。

六四：轻浮躁动的心态不会造就宏大的家业。踏实朴素的作风才能做到互不戒备的信任。

六五：不管婚嫁还是其他合作，拥有共同的信仰、美好的心愿。没有比这样合作更为吉祥和美好的了。

上六：合作因长久的通泰安乐，造成惊惧之心涣散。导致社会治理出现了问题，积重难返，用于保家卫国的城墙也因失修而倒入壕沟。这时就不适宜兴兵作战了。应昭告天下以拯救时局，坚守正道，以避免遗憾。

☷☰ 第十二节　否——避世自养

【原文】

否[①]：否之匪人[②]，不利君子贞，大往小来。

彖曰：否之匪人，不利君子贞。大往小来，则是天地不交，而万物不通也；上下不交，而天下无邦也。内阴而外阳，内柔而外刚，内小人而外君子。小人道长，君子道消也。

象曰：天地不交，否；君子以俭德辟难[③]，不可荣以禄。

初六：拔茅茹，以其汇，贞吉亨。

象曰：拔茅贞吉，志在君也。

六二：包承[④]。小人吉，大人否亨。

象曰：大人否亨，不乱群也。

六三：包羞[⑤]。

象曰：包羞，位不当也。

九四：有命无咎，畴离祉[⑥]。

象曰：有命无咎，志行也。

九五：休否[⑦]，大人吉。其亡其亡，系于苞桑。

象曰：大人之吉，位正当也。

上九：倾否[⑧]，先否后喜。

象曰：否终则倾，何可长也。

【注释】

①否（pǐ）：世道否闭，或团体内部阴盛阳衰、正不压邪。

②匪人：人道不通。

③辟难：避难。

④包承：在尊长的荫蔽下奉承讨好。

⑤包羞：在尊长的荫蔽下有恃无恐、为非作恶，终将自取其辱。

⑥畴离祉：畴，通“俦”，意为众类。离，通“丽”，附着、依附。

⑦休否：休止否闭的状况。

⑧倾否：颠覆否闭的世道。

【释义】

否闭之时会有小人当道，权贵横行；贪官欺世，艺人盗名；猫鼠一窝，奸商害命；时世闭塞，民不聊生。纣王有臣民亿万，离心离德，故一触即溃、临阵倒戈，是上下不交的否治。这时候的正人君子都会坚持节俭避世的美德，以避免危险和灾难。绝不会自以为邪不压正，一意孤行地出去谋求所谓的高官厚禄和荣华富贵。大往小来，可以理解为小人说了算而君子靠边站，也有人理解为成本大于收入。意思殊途同归：喻示着凄凉破败、倒霉衰亡的景象。

初六：生逢否世的弱势民众，应团结一心，坚守正道，不与暂时得势的牛鬼蛇神沆瀣一气，不被他们所误导。就会吉祥无虞，抱有亨通的希望。

六二：否闭的世道下，阴柔小人巴结奉承有权势的人会有所收益。正人君子否定此道，虽没有什么好处，但可以保持通往亨通的基础。

六三：自恃有靠山，在权贵的包庇下为虎作伥，胡作非为。必将招致清算和羞辱。

九四：大人君子决定奉行天命，扫黑除恶，替天行道。不但没有灾殃，还会因此得到民众的拥护而福祉流长。

九五：德高力强的正人君子强势终结否闭的世局。但不可掉以轻心。应随时戒备反动势力的反扑。

上九：物极必反，否闭之世绝不会长久。否闭之后获得通达盛世，民众该是怎样的欢欣鼓舞啊！

䷌ 第十三节　同人——求同存异

【原文】

同人于野，亨。利涉大川，利君子贞。

彖曰：同人，柔得位得中而应乎乾，曰同人。同人曰，同人于野，亨。利涉大川，乾行也。文明以健，中正而应，君子正也。惟君子为能通天下之志[①]。

象曰：天与火，同人；君子以类族辨物[②]。

初九：同人于门，无咎。

象曰：出门同人，又谁咎也。

六二：同人于宗，吝。

象曰：同人于宗，吝道也。

九三：伏戎于莽[③]，升其高陵，三岁不兴。

象曰：伏戎于莽，敌刚也。三岁不兴，安行也。

九四：乘其墉[④]，弗克攻[⑤]，吉。

象曰：乘其墉，义弗克也。其吉，则困而反则也。

九五：同人，先号咷[⑥]而后笑。大师[⑦]克[⑧]相遇。

象曰：同人之先，以中直也。大师相遇，言相克也。

上九：同人于郊，无悔。

象曰：同人于郊，志未得也。

【注释】

①惟：通“唯”。

②类族：同类而聚。类族辨物，审其族类即可明辨其德行。

③莽：草丛，这里指茂盛的丛林。

④墉（yóng）：城墙。

⑤克：能。

⑥号咷（háo táo）：大声痛哭。

⑦大师：大军。

⑧克：战胜。

【释义】

道不同不相为谋。价值观、人生观差别大的人一起过日子、做事必然会狗血收场，一地鸡毛。暂不说两个合得来的人所表现出来的一见钟情、一见如故，是否属于前世修来的缘。但可以肯定的是这俩人的学识、教养、礼数差别都不会太大。

人们能在工作和生意上遇到同道中人确实是彼此的福气；能在婚姻上遇到对的人，就更是难能可贵了。

君子和而不同，小人同而不和。君子为了完成使命，可以包容无心之失。会用人之长、避人之短。小人则会苛刻较真、公报私怨，最终必然会一事难成。故易曰："唯君子为能通天下之志。"

初九：阳刚君子居位正当。心怀美好愿望，能做到义利和合，那么要做些事的话，必然会深得人心，一旦行动就能获得志同道合者的协助。门，内外交接之处也，是能否"同人"的关键环节。失爱不仁，过爱不义。门内之治恩掩义，门外之治义掩恩。在家里，宽容和气的意义高于单纯的物质给予；在社会上，人们应得的利益、报酬要比收获的花言巧语、感谢客套来得更实在和满意。别人的时间、精力也是有价值的，没有相应的收获，谁会愿意跟你去"志同道合"、画饼充饥?

六二：只在既得利益的小圈子、小团伙里寻求共事者，注定搞不出什么名堂来。

九三：虽然和同人占据优势地位，但还是要审时度势。时机不成熟的时候决不能贸然行动。

九四：虽然从实力上、机会上都能拿下对手，但考量道义原则，引而不发，必有更光明宏达的收获。

九五：合同之初，先小人后君子。权责利明确后，君子当位，师出有名，可一举大获成功。

上九：在荒远无助的地方也保持合同于人的良好心态，即使遇不到志趣相投者也没有遗憾了。

䷍ 第十四节　大有——兼济天下

【原文】

大有，元亨。

彖曰：大有，柔得尊位，大中而上下应之，曰大有。其德刚健而文明，应乎天而时行[①]，是以元亨。

象曰：火在天上，大有，君子以竭恶扬善，顺天休命[②]。

初九：无交害，匪咎，艰则无咎。

象曰：大有初九，无交害也。

九二：大车以载，有攸往[③]，无咎。

象曰：大车以载，积中不败也。

九三：公用亨于天子，小人弗克。

象曰：公用亨于天子，小人害也。

九四：匪其彭[④]，无咎。

象曰：匪其彭，无咎；明辩[⑤]晳[⑥]也。

六五：厥[⑦]孚交如，威如[⑧]；吉。

象曰：厥孚交如，信以发志也。威如之吉，易而无备也。

上九：自天佑之，吉无不利。

象曰：大有上吉，自天佑也。

【注释】

①应乎天而时行：应天道，顺时势。

②休命：休，用如动词，休美。休命，休美万物生灵的性命。

③攸：所。有攸往，有所行动，有所作为。

④彭（bāng）：盛多之状。

⑤辩：通“辨”。

⑥晢（zhé）：通“哲”，明智。

⑦厥：其。

⑧威如：威严自显。

【释义】

元，至公也。亨，至达也。至公则包万物，是为“大”；至达则容万物，是为“有”。故曰“大有，元亨”。德厚宽仁的大人君长，承载了大量的财富资源，必然亨通便利。会致力于狙击邪恶、颂扬善行。顺应天道，泽被万物。

初九：收获大批财富之初，应气定神闲，不为外物所动。牢记过去经历的艰难困苦，可免遭灾祸损失。

九二：财富或事业必须以与之相匹配的架构模式来运营。这样要有所作为的时候，方能避免祸患。例如人们要运输几袋粮食，一架牛车足矣；但要越洋转运一座矿山，则必须成立与之相应的管理机构，然后修铁路、建码头，才有可能完成任务。

九三：有德君子可以践行高尚的事务。若任用无耻小人，必然会祸害无穷，难以收场。

九四：财富的聚敛，需适合自己德行的承载。超配部分的财物应用来济困行善。如此亦可再广其德。

六五：以至诚之心敬上扶下，处理事务威严自显。这是富贵者最为吉祥安康的状态。

上九：与天地同德，怀天地之财，与天下共享。这是拥有财富的最高境界。

䷎ 第十五节 谦——盈亏谦益

【原文】

谦[①]，亨，君子有终。

彖曰：谦，亨，天道下济而光明，地道卑而上行。天道亏盈而益谦，地道变盈而流谦，鬼神害盈而福谦，人道恶盈而好谦。谦尊而光，卑而不可逾[②]，君子之终也[③]。

象曰：地中有山，谦，君子以裒多益寡[④]，称物平施。

初六：谦谦君子，用涉大川，吉。

象曰：谦谦君子，卑以自牧也[⑤]。

六二：鸣谦[⑥]，贞吉。

象曰：鸣谦贞吉，中心得也。

九三：劳谦君子[⑦]，有终吉。

象曰：劳谦君子，万民服也。

六四：无不利，撝谦[⑧]。

象曰：无不利，撝谦；不违则也。

六五：不富，以其邻[⑨]，利用侵伐，无不利。

象曰：利用侵伐，征不服也。

上六：鸣谦，利用行师，征邑国。

象曰：鸣谦，志未得也。可用行师，征邑国也。

【注释】

①谦：谦虚，谦逊。

②卑而不可逾：谦卑的品德不可逾越。

③终：自始至终。

④裒（póu）：减去，减损。

⑤自牧：自我节制、自我管理。

⑥鸣谦：谦美的名声广为传播。

⑦劳谦：勤奋有功劳的同时还能保持谦逊的心态。

⑧撝（huī）谦：撝，谦让。撝谦，谦逊而礼让。

⑨富：丰富，富有。不富，不彰显富有，不炫耀。以：凭借，依靠。以其邻：财富是凭借同伴共同努力所得，因这个道理而懂得分享。

【释义】

自始至终地保持谦逊之德，必能万事亨通、无往不利。不管天道、地道、人道还是魑魅鬼神，都不约而同地制约自满而增益谦逊。人常说，缺什么炫耀什么。自卑浮躁的人不容易保持谦逊的心态。谦的要义在于，人若尊于（强于）我，我不掩人之善，反而光大其善；人若卑于（弱于）我，我不以高凌人，反而平等互惠。

初六：谦而又谦，谦逊而不卑微。可以克服一切困难，排除一切障碍，达到应有的目标。谦而不卑，在于内心阳刚正气的涵养。

六二：谦虚的美名远扬四方，保持内心纯正即可长保吉庆。例如有个搞建筑废品回收的“首善”高调做慈善，也算风光了一时，获得嘉誉连连。但后来爆出这“首善”纯属沽名钓誉，动机不纯。最终也是落了个黯然收场。

九三：勤奋有功劳而又能自始至终保持谦逊美德的君子少之又少。即使有功劳也不夸耀，收获成功的果实也不独自享用。于是他的言行必能得到天下人的信服。

六四：宣扬谦逊的美德，会得到广泛的支持，无往不利。因为这样做亦不违反低调谦逊的原则。

六五：获得财富也不独揽，懂得与周边的人分享所获。于是大家同心同德，即使进行像带兵打仗这样风险极高的行动，也会免遭凶险、马到成功。这就是财散人聚的道理吧？

上六：身居高位，谦让的美德名扬四海。可轻松摆平一些冥顽不化的小团伙、小帮派。

䷏ 第十六节　豫——行以顺动

【原文】

豫[①]，利建侯行师。

彖曰：豫，刚应而志行，顺以动，豫。豫，顺以动，故天地如之，而况建侯行师乎？天地以顺动，故日月不过，而四时不忒[②]；圣人以顺动，则刑罚清而民服。豫之时义大矣哉！

象曰：雷出地奋，豫，先王以作乐崇德，殷荐之上帝[③]，以配祖考[④]。

初六：鸣豫，凶。

象曰：初六鸣豫，志穷凶也。

六二：介于石，不终日，贞吉。

象曰：不终日，贞吉；以中正也。

六三：盱豫[⑤]，悔。迟有悔。

象曰：盱豫有悔，位不当也。

九四：由豫，大有得。勿疑，朋盍簪[⑥]。

象曰：由豫，大有得，志大行也。

六五：贞疾，恒不死。

象曰：六五贞疾，乘刚也[⑦]。恒不死，中未亡也。

上六：冥豫成，有渝，无咎。

象曰：冥豫在上，何可长也。

【注释】

①豫：欢乐，安居乐业。

②忒（tè）：差错。

③殷：殷切，情谊深厚的。荐：献礼。

④祖考：已故祖先。《礼记·曲礼》：生曰父，死曰考。

⑤盱豫：张目以媚取欢乐。盱，张目。

⑥盍簪（hé zān）：朋友。朋盍簪，与亲朋有盍簪之谊。

⑦乘刚：六五以阴柔乘凌九四阳刚（参考附录六，读易简例）。这里指时势、处位不利。

【释义】

假舆马者，非利足也，可致千里；假舟楫者，非能水也，而绝江河。君子性非异也，善假于物也。善假于物，必须明白物的性能，顺应物的特质。所以“天地以顺动，故日月不过而四时不忒；圣人以顺动，则刑罚清而民服”。

在社会治理方面，需顺民之欲以动民。民欲糊口，君子宜分田以食之；民欲富贵，君子以施爵禄而动之。大人君子如能励精图治、让他的追随者安居乐业，生活得轻松愉快。那么他的宏伟理想就必能实现。

初六：肤浅小人稍有所得就沾沾自喜、自鸣得意。肯定会招致打击，被人收拾。这就是所谓的不作死就不会死。

六二：坚定不移地保持自己高洁的品行。不会被喜悦冲昏头脑，明白喜悦适度的道理，拥有正直不阿的中正操守必有收获。

六三：谄媚奉承以取悦他人，最终必招致羞辱，追悔莫及。将来想起来也会羞悔不已。作为上爻九四尊长的幕僚，自作聪明、自告奋勇的为他做些见不得人的阴险之事。领导这时因形势所迫，或许会放任、默许。但这些事将来一旦威胁到领导的“光明、正确”，没人会出来为之背锅。最终因需顾全大局而被“挥泪剪除”的可能性很大。

九四：大人君子的言行顺应时势，使得大家都能同心同德、欢乐愉快。毋庸置疑，有所行动，必会成功。

六五：家国或企业中避免不了会有弊病。这时因所处时势、位置不利，应坚守中正的心志以防风险。如果投机取巧，妄图搞些苟且得利的话，往往会恶化局势，得不偿失。或被看透这样的猥琐，失去更好的机会。只要励精图治的精神还在，就能很好地维持经营下去。

上六：脱离实际，终日沉浸在昔日欢愉的氛围中难以自拔，执迷不悟，必不可长久。要是能幡然悔悟，可免危害。

䷐ 第十七节 随——天下随时

【原文】

随①，元亨利贞，无咎。

彖曰：随，刚来而下柔，动而说②，随。大亨贞，无咎，而天下随时，随之时义大矣哉！

象曰：泽中有雷，随；君子以向晦入宴息。

初九：官有渝，贞吉。出门交有功。

象曰：官有渝③，从正吉也。出门交有功，不失也。

六二：係小子④，失丈夫⑤。

象曰：係小子，弗兼与也。

六三：係丈夫，失小子。随有求得，利居贞。

象曰：係丈夫，志舍下也。

九四：随有获，贞凶。有孚在道，以明，何咎。

象曰：随有获，其义凶也。有孚在道，明功也。

九五：孚于嘉，吉。

象曰：孚于嘉，吉；位正中也。

上六：拘系之，乃从维之⑥。王用亨于西山。

象曰：拘系之，上穷也。

【注释】

①随：遵从法则、遵从自然规律。

②说（yuè）：通“悦”。

③渝：改变。

④係（xì）：系属，倾心服从。小子，初九所指的“狐朋狗友”。

⑤丈夫：九五所指的大人君子。

⑥维：用绳捆绑。

【释义】

以虔诚之心追随自己的理想，为人处世顺应社会规律和自然规律，那么人生就会至为吉祥如意。虽有智慧，不如乘势；虽有镃基，不如待时。所以随时而动不是随心所欲，是要顺天时，抓机遇，需要遵守规则、坚守正道，这样才会有所收获。

初九：舍弃身边的狐朋狗友，追随真正可以带领自己干一番事业的君子，坚守光明正道，必然会得大于失。

六二：被蒙蔽而迷失心性追随了错误的思想，或与无耻小人沆瀣一气，必然会失去与正义君子为伍的机会。

六三：追随正确、积极的思想，跟随正人君子做事。必然会常常心遂所愿。摒弃歪门邪道的想法，坚守正道，可长保安居乐业。

九四：把握时机，带领各怀特长的人干事业，会有收获。但也要心存诚信，不违正道，以防凶祸。襟怀坦荡、光明磊落的性情，是一个人最为现实的护体金钟罩。为众人之首领，心若有恶，众人必逢其恶。则恶亦逾恶。一个团体行恶，必然道义穷尽、覆灭也速。

九五：大人君子，德丰才茂，居位正当。又能广施诚信于追随自己的拥趸。必然吉祥有收获。

上六：蒙昧无知的人，不知所依。如果在强行胁迫下才能让他追随正道的话，他必然会摇摆不定。不如像周文王收服西戎那样，胡萝卜加大棒，让他们逐步心甘情愿地追随。

䷑ 第十八节　蛊——拨乱反正

【原文】

蛊[①]，元亨，利涉大川。先甲三日，后甲三日[②]。

彖曰：蛊，刚上而柔下，巽而止，蛊。蛊，元亨，而天下治也。利涉大川，往有事也。先甲三日，后甲三日，终则有始，天行也。

象曰：山下有风，蛊，君子以振民育德。

初六：干父之蛊[③]，有子考[④]，无咎，厉终吉。

象曰：干父之蛊，意承考也。

九二：干母之蛊，不可贞。

象曰：干母之蛊，得中道也。

九三：干父，小有晦，无大咎。

象曰：干父之蛊，终无咎也。

六四：裕父之蛊，往见吝。

象曰：裕父之蛊，往未得也。

六五：干父之蛊，用誉。

象曰：干父之蛊；承以德也。

上九：不事王侯，高尚其事。

象曰：不事王侯，志可则也[⑤]。

【注释】

①蛊（gǔ）：腹中之虫，引申为蛊害、蛊惑之意。本文指“拯弊治乱”。

②先甲三日，后甲三日：事先、事后都做好充分的铺垫准备和归纳善后。

③干（gān）：干预，主管，主导。这里为匡正之意。

④考：先父。这里指祖业。

⑤则：效法。

【释义】

救弊治疴，拨乱图新，是一个家长需要具备的治家才能，也是优秀领导者必须具备的职业素养。要想结果圆满，需在事前做好充分准备，事后做好总结分析。汲取经验，循环上升。

作为尊长，需要从思想上提振下属或子女的品格，培育他们的美德。

“家有孝子，不绝其祀；朝有诤臣，不亡其国”。作为晚辈、下属，当长辈、领导有所偏颇时，也有谏言、建议的职责。

初六：纠正尊长的失误，接纳尊长留下的成就。又不失晚辈的礼节。虽然会有些风险，但最终必能将祖业发扬光大。深爱长辈，因而指出长辈的缺点错误，看似有不孝的风险，实际上是因为孝敬。

九二：尊长存在失误而不自知或知而不意改之。作为子女、属下的去纠正，会产生矛盾伤害感情；不去纠正，又不合常理。所以最好不要“明火执仗”、果断决然地去纠正。需要刚柔合理、顺逆得当地等待对方可以接纳的时机，这样出手才能达到应有的效果。

九三：尊长或领导的失误（或者当初尊长实施的时候是正确的，但随着时代、时势的变迁出现了不再适合目前条件的遗留问题），如果已经造成一定的损失。则需要当机立断，予以纠正。这样拯弊治乱的方式虽然会招致非议，但最终只能有收获而不会有危害。

六四：明知尊长的失误正在造成损害，又因敬畏尊长而不敢及时出来纠正阻止，放任损害扩大，于家于国于企业于个人都没有好处，必生遗憾。

六五：纠正尊长的失误，接纳传承尊长的美德，让尊长明白他也有不恰当之处，并因此让自己获得赞誉。

上九：拥有自己的高尚情怀，接受不了尊长、前辈的做派、行为。感觉这个“传承”已经无药可救，即使有可能从他们那里继承江山社稷，也不愿去趟那个浑水。

䷒ 第十九节　临——正确督导

【原文】

临[1]，元亨，利贞。至于八月有凶。

彖曰：临，刚浸而长[2]。说而顺[3]，刚中而应，大亨以正，天之道也。至于八月有凶，消不久也。

象曰：泽上有地，临，君子以教思无穷，容保民无疆。

初九：咸临[4]，贞吉。

象曰：咸临贞吉，志行正也。

九二：咸临，吉无不利。

象曰：咸临，吉无不利；未顺命也。

六三：甘临，无攸利[5]。既忧之，无咎。

象曰：甘临，位不当也。既忧之，咎不长也。

六四：至临，无咎。

象曰：至临无咎，位当也。

六五：知临[6]，大君之宜，吉。

象曰：大君之宜，行中之谓也。

上六：敦临[7]，吉无咎。

象曰：敦临之吉，志在内也。

【注释】

①临：从上往下看。本文意为监察、监视、督导。

②浸：渐渐。

③说（yuè）：通“悦”。

④咸（gǎn）：通“感”，感应。

⑤攸：所。

⑥知：通“智”。

⑦敦（dūn）：忠厚，诚恳。

【释义】

大人君子的一言一行都会被子女、下属有样学样。大泽容纳很多的水，大地容纳很多的泽。所以大人君子应当参照亲临表率的效果，修为无穷的品德教化，规整、容纳天下万民的思想品行。

具有美好的品德，言端行正，示范督导下属做人做事，必然至为吉祥、万事顺利、大有收获、正气盈门。

初九：感应、顺应更高尊长的心意，保持正直的心态，督导行事，会有所收获。

九二：顺应尊长的意向，发挥想象力、能动性，让下属行使督导的职责，会有更大的收获。

六三：虚据高位，沽名钓誉，由于能力不足以指点属下得失，致使督导下属时一团和气。这样的督导实在是没有任何意义。要是知错能改，及时回到能力所及的位置，亦无咎害。

六四：关键时刻，能做到事无巨细，亲自监督，就不会捅出什么篓子来。

六五：《中庸》谓“唯天下至圣为能聪明睿知，足以有临也”。英明神武、德才兼备的领导人，用自己的聪明才干来督导下属。毋庸置疑，必然会功成名就。

上六：身居高位，又能协助中层属下监临、监督基层事务，必然会吉祥有收获。

䷓ 第二十节　观——心向往之

【原文】

观[①]，盥而不荐[②]，有孚颙若[③]。

彖曰：大观在上，顺而巽，中正以观天下。观，盥而不荐，有孚颙若，下观而化也。观天之神道，而四时不忒，圣人以神道设教，而天下服矣。

象曰：风行地上，观；先王以省方[④]，观民设教。

初六：童观[⑤]，小人无咎，君子吝。

象曰：初六童观，小人道也。

六二：窥观[⑥]，利女贞。

象曰：窥观女贞，亦可丑也。

六三：观我生[⑦]，进退。

象曰：观我生，进退；未失道也。

六四：观国之光[⑧]，利用宾于王。

象曰：观国之光，尚宾也。

九五：观我生，君子无咎。

象曰：观我生，观民也。

上九：观其生，君子无咎。

象曰：观其生，志未平也[⑨]。

【注释】

①观：观仰，参观学习。

②盥（guàn）：祭祀宗庙时用香酒浇灌地面。荐，祭祀中向神灵的献飨之礼。

③颙（yóng）：肃静的样子。

④省方：巡视四方。

⑤童观：观察之时无所见地，唯如童稚之子而观之。

⑥窥观：从狭缝中观看，谓所见狭小。

⑦我生：自我行为。

⑧国之光：国家大治而呈现的光辉景象。

⑨平：安宁无为。

【释义】

人们拥有切实可见、努力可得的美好景愿，才能避免浮躁，保有底线，安居乐业。大人君子应该立身为范，不使他们迷茫。举手投足的诚信表达，可以坚定大家的信心。教令一出，民之趣化如草之从风。

初六：质朴惊奇地观览美好事物。对于新手、孩童或者阴柔弱小者来说，没有什么不妥。但对于担当教化责任的人来讲，有此表现，未免遗憾。

六二：偷偷地观瞻美好的事物，阴柔羞怯者可以借此巩固自己的心智。阳刚正派的人会以窥视行为为耻，如有必要，应当正面交流。

六三：经常对照崇高的理想，来调整自己的行为举止，不失为成事之道。

六四：观览光辉的业绩，可以辅佐自己的尊长去达到这样的成就。这就是政府、企业经常派自己的业务精英去观摩考察的本意，而不是奖励这些人去休闲放松。

九五：大人君子正直阳刚，光明强健。于是可以立身为范，光辉言行供人观仰向往，模仿教化。这时候大人君子也应该不断地对照省察自己的行为，让自己更符合一个供人学习的榜样，必无咎害。

上九：人们观仰功成名就者的光辉业绩，羡慕赞叹。所谓“乘车于道，负者皆有不平之心”，故羡慕之余，也不免会有心怀怨愤之人。虽会招致怨愤，但业绩已成，所以说君子无咎。

☲☳ 第二十一节　噬嗑——审慎刑罚

【原文】

噬嗑[①]，亨，利用狱。

彖曰：颐中有物[②]，曰噬嗑，噬嗑而亨。刚柔分，动而明，雷电合而章。柔得中而上行，虽不当位，利用狱也。

象曰：雷电噬嗑，先王以明罚敕法。

初九：屦校灭趾[③]，无咎。

象曰：屦校灭趾，不行也。

六二：噬肤灭鼻，无咎。

象曰：噬肤灭鼻，乘刚也。

六三：噬腊肉[④]，遇毒，小吝，无咎。

象曰：遇毒，位不当也。

九四：噬乾胏[⑤]，得金矢，利艰贞，吉。

象曰：利艰贞吉，未光也。

六五：噬乾肉，得黄金，贞厉，无咎。

象曰：贞厉无咎，得当也。

上九：何校灭耳[⑥]，凶。

象曰：何校灭耳，聪不明也。

【注释】

①噬嗑（shì hé）：噬，咬啮；嗑，合。本文以咀嚼咬碎食物来比喻实施刑罚的规则。

②颐：上下腭及之间唇齿等器官的总称，犹言“口腔”。

③履（jù）：用麻葛制成的鞋。这里用作动词，“脚上穿着”的意思。校（jiào）：刑具。

④腊（xī）肉：肉干。

⑤胏（zǐ）：带骨的肉。

⑥何（hè）：通“荷”。

【释义】

前面说师出以律，否臧凶。意思是大家做事要立规矩，否则将会有损失有风险。这里谈对于破坏规矩的人如何处以刑罚。

古往今来的贤圣君主，封赏必然给予评判有功的人；刑罚必然加之判决有罪的人。为彰显正义、威慑不肖，应像天地开闭一样强势果决地对违犯法纪的人施以刑罚。

初九：对初次犯事小有过错的人，及时制止并给予相应的惩戒，将会避免危害的继续发展。

六二：让违法犯纪者损失利益且声明扫地，使之屈服，以儆效尤。对判决、施刑者来说，是没什么危害的。

六三：如果施刑者自身处境不甚恰当，如能力有些欠缺等，施加惩罚时会遇到抵抗。虽有些遗憾，但最终也能达到施刑的目的，不致危害。

九四：惩戒屡教不改、负隅顽抗的坏人，需要具有雷霆利箭般的打击能力。坚守正道，奋力出击。在艰苦奋战中保持正直无畏的心态，不会遭受危害。与坏人正面抗衡，表明施刑的方式方法还有待商榷。

六五：处位不够妥当，能力稍有欠缺时却要前往惩戒违法者。幸而有至为高尚的品格和坚守中正的处事之道。虽然有些风险，但终究不会带来危害。

上九：愚蠢的破坏者执迷不悟、屡教不改，恰好遇到至为强健、刚健果决的君子施加刑罚，于是被果断处决。

䷕ 第二十二节　贲——恰当装点

【原文】

贲[①]，亨。小利有所往。

彖曰：贲，亨，柔来而文刚，故亨。分刚上而文柔，故小利有攸往。刚柔交错[②]，天文也；文明以止，人文也。观乎天文，以察时变；观乎人文，以化成天下。

象曰：山下有火，贲；君子以明庶政，无敢折狱[③]。

初九：贲其趾，舍车而徒。

象曰：舍车而徒，义弗乘也。

六二：贲其须。

象曰：贲其须，与上兴也。

九三：贲如濡如[④]，永贞吉。

象曰：永贞之吉，终莫之陵也。

六四：贲如皤如[⑤]，白马翰如，匪寇婚媾。

象曰：六四，当位疑也。匪寇婚媾，终无尤也。

六五：贲于丘园，束帛戋戋[⑥]，吝，终吉。

象曰：六五之吉，有喜也。

上九：白贲[⑦]，无咎。

象曰：白贲无咎，上得志也。

【注释】

①贲（bì）：纹饰，装扮。

②刚柔交错：根据郭京《周易举证》添补此四字。

③无敢折狱：就贲字在此节的本意(修饰、纹饰)，决不能用于需要严谨、公正的类似于处理刑狱等这类的事务。

④濡：润泽。

⑤皤（pó）：白色。

⑥戋戋（jiān jiān）：浅少的样子。

⑦白贲：朴实无华的纹饰。

【释义】

前往尊长处拜访或做事，适当装点一下自己，以示敬重。定能诸事如意。

适当的装点纹饰可使业绩更为鲜明、亮丽。但切不可以这样的心态去裁判争端、辨别是非。

观乎天文，以察时变；观乎人文，以化成天下。意思是人们观察天象，可以知道昼夜、四季交替的变化；观察人的化妆打扮，察知他们的人文教养，可以有区别、有针对地予以建设，促成社会风气的教化。几千年前的诗歌里曾描述过人们的容妆，清扬淳朴才是被传颂千年的美貌：

野有蔓草，零露漙兮。
有美一人，清扬婉兮。
邂逅相遇，适我愿兮。
野有蔓草，零露瀼瀼。
有美一人，婉如清扬。
邂逅相遇，与子偕臧。

粗缯大布裹生涯，腹有诗书气自华。人们的衣着打扮、女生出门化妆，也要以大方得体、适合身份为原则。像宋庆龄、叶嘉莹、杨绛、孔祥瑛、华春莹等，年过知命还能依然保持着惊人的风采——这就是知识的力量。而一些年轻的时候拥有所谓美貌脸庞的艺人，过了三十来岁，会越发担心皮肤的衰老，企图用越来越厚的“腻子”“乳胶漆”来掩盖岁月的痕迹，到了四十来岁，就更是浓妆艳抹，搔首弄姿，彼情彼景，实在令人难过。

岁月的砥砺、文化的积淀、发自心底的自信以及平静面对一切的坦然，才是一个人永葆风华的终极秘诀。女人的美貌，三十岁前靠皮囊；四十岁前需淡妆；四十岁后必须靠人文修养。男子的美跟奶油、扮嫩没有任何关系：年轻时可有俊朗的外表，干练的举止；中年以后则在于强大的自信、果敢的内心以及从容的气度。

初九：脚踏实地地前行。宁愿擦亮自己的皮鞋，从容前往。也不贪图鄙陋大车带来的便利。因为那样会折损自己洁身自好、不流于世俗的良好操守。

六二：在尊长面前适当的修饰、恰当的外表与言行会使气氛祥和愉悦。不同的人审美观也会不同。贲其须，就是根据被表述对象的需求、喜好而装点推送。更容易被接纳、采用，利于合作共赢。

九三：言行和外表都修饰得赏心悦目，要注意时刻坚守正直无邪念，方能免受来自身外的欺辱。

六四：整饬好自己的外在形象是对会见者的基本礼貌。衣着修饰得光鲜亮丽，姿态优雅自如，有利于大家心情愉悦，带来发自内心的合作愿望。在社交、外交场合，实力才是最好的装扮：一个人骑共享单车去谈事，他的谦逊表现出来的是卑微；坐着豪车前往，他的谦逊就成了令人敬重的低调。国际交往中所谓的弱国无外交，也是这个意思。匪寇婚媾，意为身份不平等不可以强行苟合——强扭的瓜不甜。

六五：用质朴的山水田园装点自己的生活，微薄的丝绢用来招待远方的来客。回归田园时，追求的是简约、闲逸。在乡亲长辈面前出入豪车，趾高气扬、装神弄鬼的总归不好。这时的节约谦逊貌似会有些遗憾，但最终必定收获从容不迫、吉祥如意的人生。

上九：不喜浮华，不图虚美。虽居高位，必无危害。来自本色的美，比通过装点、修饰的美更有利于保持经久不衰。

䷖ 第二十三节　剥——厚下安宅

【原文】

剥[①]，不利有攸往[②]。

彖曰：剥，剥也，柔变刚也。不利有攸往，小人长也。顺而止之，观象也。君子尚消息盈虚[③]，天行也[④]。

象曰：山附地于地，剥，上以厚下安宅[⑤]。

初六：剥牀以足[⑥]，蔑贞凶[⑦]。

象曰：剥牀以足，以灭下也。

六二：剥牀以辨[⑧]，蔑贞凶。

象曰：剥牀以辨，未有与也。

六三：剥之，无咎。

象曰：剥之无咎，失上下也。

六四：剥牀以肤[⑨]，凶。

象曰：剥牀以肤，切近灾也。

六五：贯鱼以宫人宠[⑩]，无不利。

象曰：以宫人宠，终无尤也。

上九：硕果不食，君子得舆[⑪]，小人剥庐[⑫]。

象曰：君子得舆，民所载也。小人剥庐，终不可用也。

【注释】

①剥：剥落。符合自然规律，当剥则剥。

②不利有攸往：在时势剥落的状态下，不宜勉强去做那些有所建树的事情。

③消息：消亡与生息。

④天行：自然规律。

⑤厚下安宅：丰厚基础、安固住宅。

⑥牀（chuáng）：通“床”。

⑦蔑：通“灭”。此处指“蚀灭”。

⑧辨（biān）：通“牑（biān）”，床板、床箦（kuì）。

⑨肤：床之肤，应为席子。消剥到了贴近人体的席子，足见灾祸临近。

⑩贯鱼以宫人宠：交接上方，承上启下，像宫廷侍从一样井然有序地接受光明的指引。

⑪舆：大车。

⑫庐：屋宇。

【释义】

安其身而后动，易其心而后语，定其交而后求。在自己根基不牢、德积未厚之前不要急于张罗做事。明智的人会注重丰厚自己的基业，见可为而后动。

初六：企业或组织的基层开始腐蚀、败坏，并将迅速地扩展开来，危机四伏。

六二：企业、组织的中层也开始腐败质变。作为组织的一员，必须坚持正道以面对凶险。

六三：身处组织萧条衰败之时，保持心中的阳刚正道，不与身边比比皆是的阴损小人同流合污，以避免损失和危险。

六四：如果组织的高层也开始质变离散，那就真是在劫难逃了。

六五：在世道消剥的时候率领志同道合的人们寻求光辉的前程，将会无往不利。

上九：丰硕的收获等待分配，正人君子获得应得的份额，实至名归，百姓拥戴。无耻小人骗取胜利果实，必招破家之灾。

䷗ 第二十四节　复——元阳复始

【原文】

复，亨。出入无疾，朋来无咎。反复其道，七日来复，利有攸往。

彖曰：复，亨，刚反。动而以顺行，是以出入无疾[①]，朋来无咎。反复其道，七日来复，天行也。利有攸往，刚长也。复，其见天地之心乎？

象曰：雷在地中，复，先王以至日闭关[②]，商旅不行，后不省方[③]。

初九：不远复，无祇悔[④]，元吉。

象曰：不远之复，以修身也。

六二：休复[⑤]，吉。

象曰：休复之吉，以下仁也。

六三：频复[⑥]，厉无咎。

象曰：频复之厉，义无咎也。

六四：中行独复。

象曰：中行独复，以从道也。

六五：敦复，无悔。

象曰：敦复无悔，中以自考也[⑦]。

上六：迷复，凶，有灾眚[⑧]。用行师，终有大败，以其国君，凶；至于十年，不克征。

象曰：迷复之凶，反君道也。

【注释】

①疾：损害，损失。

②闭关：掩闭关阙。

③后：君主。省方：巡视四方。

④祇（qí）：大。此处意为没什么可后悔的。

⑤休：美好。

⑥频：皱眉，心有不愿之状。

⑦自考：自查自纠，反省。

⑧灾眚（shěng）：灾，自外而来的“天灾”；眚，自身过错导致的“人祸”。此处泛指所有的灾殃祸患。

【释义】

复，为修正之道。往来修治，使归于正。又代表一元复始，阴尽阳来、苦尽甘来、寒尽暖来。在微阳初动的时刻，人们闭关静养，以待元阳更苏。这时候，阳刚正气遵从自然规律，周而复始，重新萌发。久违的正确思想开始在组织里萌发、扩展，成为主导思潮。

初九：阳刚正气的君子刚刚开始有所作为，就审视自己的言行修为。能知过必改，回复正道。至为吉祥顺利，也会为他的追随者带来吉祥如意。

六二：心怀真诚善良的愿望，追随阳刚君子，一道回复阳刚正道。也会吉祥如意。

六三：心无善念，步入歧途却不自省，在阳刚君子的要求之下才皱眉回复正道。有其返正之行，而无返正之意。说明其贼心不死，外顺而内不平。苏轼说，见其意之所向谓之心，见其诚然谓之情。此心不正，此情不服，对其不存戒心，必有凶险。但以其回复正道这个结果来看，也不会发生太大的危害。

六四：心底存有对中正阳刚的敬畏，虽偏离阳刚正道较远，但所幸可以自省回归。以现实来比喻，是为“投案自首”，可获宽大处理。

六五：虽然在远离阳刚正道的方向上渐行渐远，但发现这样下去会造成损害的时候，能敦厚笃诚地复还正道。就不会有什么危害了——心意正而知返，必无后患。

上六：对抗自然规律，背离时代潮流，一意孤行，迷途不返。必然遭受内生外来的灾殃，这时候兴师动众企图有所作为的话，必然招致灭顶之灾，团伙头子大获凶险，十年之久也不可能会迎来东山再起的机会。天地无语，兴衰皆由顺逆。既凶又灾，非人加之，在天之罚也。

䷘ 第二十五节　无妄——三思后行

【原文】

无妄[①]，元亨，利贞。其匪正有眚，不利有攸往。

彖曰：无妄，刚自外来而为主於内。动而健[②]，刚中而应，大亨以正，天之命也。其匪正有眚，不利有攸往。无妄之往，何之矣？天命不佑，行矣哉？

象曰：天下雷行，物与无妄[③]，先王以茂对时育万物[④]。

初九：无妄，往吉。

象曰：无妄之往，得志也。

六二：不耕获[⑤]；不菑畬[⑥]；则利有攸往。

象曰：不耕，获，未富也。

六三：无妄之灾，或系之牛[⑦]，行人之得，邑人之灾。

象曰：行人得牛，邑人灾也。

九四：可贞，无咎。

象曰：可贞无咎，固有之也。

九五：无妄之疾，勿药有喜。

象曰：无妄之药，不可试也。

上九：无妄，行有眚，无攸利。

象曰：无妄之行，穷之灾也。

【注释】

①无妄：不妄为、不妄想。

②动而健：威势震动而禀性健强（可以威慑四方不致妄为、妄想）。

③与：语气助词。

④茂：茂盛。对，配合；对时：配合天时。

⑤不耕获：无须耕田，也可以获得粮食。

⑥菑（zī）：初垦的瘠田。这里用作动词，为“开垦”的意思。畬（yú）：肥沃的良田。不菑畬：不事开垦，也可以得到良田。

⑦系（jì）之牛：拴在那里一头牛。系，拴。

【释义】

无妄，毋有妄念、毋有妄行是也。

苏轼点评：“无妄者，天下相从于正也。正者，我也；天下从之者，天也。圣人能必正，不能使天下必从，故以无妄为天命也。无故而为恶者，天之所甚疾也，世之衰也，则其不正者容，有不得已焉。无妄之世，正则安，不正则危。弃安即危非人情，故不正者必有天灾。”意即不管社会环境如何变幻，人都应安守本分，不可妄为。天地无思无为，顺天者天盛之，逆势者势衰之；应地之宜者地兴之，逆地之质者地亡之。

天地间电闪雷鸣，响彻长空。告诫人们需要敬畏天时，时机未到，不可贸然行动。

初九：做好准备，不蠢蠢欲动。一旦时机成熟，果断行动，必能实现愿望，有所收获。

六二：不用耕田，就可以获得糊口的粮食；没有荒地，也可以直接获得良田。敞开胸怀，分工协作，互通有无，让专业的人干专业的事，发挥大家所拥有资源的最大效益。则更有利于有所作为。还没有掌握足够的资源，也是需要分工合作的原因。

六三：每个人的生活中，都有可能摊上霉运，没招谁没惹谁，躺着也能中枪。遭受意外损失。面对无妄之灾，还是以优雅的姿态面对为好，哭喊号叫也不会带来一些转机。

九四：强健而能固守正直顺应天道，不盲目作为，可以避免损失。

九五：善为天下者不求其必然，求其必然乃至于尽丧。健康的、正常运行的组织系统，偶有波动偏差，不加修治也能自行调整恢复。无妄之行，穷之灾也——管理者需要有容错的气度和保持中正无为的定力。稍有风吹草动就心动神摇地贸然插手，就会打破平衡，造成损害。

上九：生不逢时，所拥有的才能不能被时世接受。虽不妄为，也不可有所作为。否则也会损兵折将，无所收获。告诫大家要活到老学到老，注重随时更新自己的知识技能，避免所学的技能不被进步的社会所抛弃。

䷙ 第二十六节　大畜——人尽其才

【原文】

大畜，利贞，不家食吉①，利涉大川。

彖曰：大畜，刚健笃实，辉光②日新其德，刚上而尚贤。能止健，大正也。不家食吉，养贤也。利涉大川，应乎天也。

象曰：天在山中，大畜；君子以多识前言往行，以畜③其德。

初九：有厉，利已④。

象曰：有厉利已，不犯灾也。

九二：舆说輹⑤。

象曰：舆说輹，中无尤⑥也。

九三：良马逐，利艰贞。曰闲舆卫⑦，利有攸往。

象曰：利有攸往，上合志也。

六四：童豕之牿⑧，元吉。

象曰：六四元吉，有喜也。

六五：豮豕之牙⑨，吉。

象曰：六五之吉，有庆也。

上九：何天之衢⑩，亨。

象曰：何天之衢，道大行也。

【注释】

①不家食：不让贤能的人在家吃闲饭。意思是要使人尽其才。

②辉光：光彩照人。

③畜：通“蓄”。

④已：停止。

⑤说（tuō）：通“脱”，此处意为脱落。輹（fù）：古代车下辖制大车轮轴的器件。

⑥中无尤：心中没有邪欲怨愤。尤，怨愤。

⑦曰：原著笔误，应为“日”。

⑧牿（gù）：戴在牛头上，防止它顶撞伤人的木枷。

⑨豮（fén）豕：被阉之猪。

⑩衢（qú）：四通八达的路。道路有分别：两通为“街”，四通为“衢”，三岔路也可叫作“三衢道”。据说毛主席路过衢州时曾问过“三衢山”名称的来历，地方官说不出衢州是因山得名，还是山因州得名。笔者认为四通路口天下遍有，故独有此地而叫“衢州”于理不合；如若山前有三岔路口因山势而展开，故可得山名为“三衢山”。而后城市以山得名“衢州”，似乎更合情理。

【释义】

大畜取象于天和山，天代表强健，山代表艮止。大畜就像一部性能优良的汽车，既具有强健的动力系统，可轻松加速、日行数千里；又具有可靠的刹车系统，可在到达或需要减慢的时候轻易控制车速。

在大畜的时代，有为君子应积极学习古今圣贤的优良品行。让自己能力强健、德行广博，得以承载运筹天下资源，从而人尽其才、物尽所用。

初九：在刹车系统不足够可靠的时候，安装强劲的发动机是很危险的事情。谕示机构不够健全、制度不够完善的时候，不宜接纳能力过于强健、功高足以震主的人前来共事。招贤纳士、适可而止，可避免灾祸。

九二：在强健冲动、没有控制自己心志的把握时，应该自卸轮毂，避免经不起诱惑，贸然行动。保持居中不燥的心态，以免遭受失控的危害。

九三：我们拥有强盛的实力，目标所指，即可日致千里。可以轻松做成大事，但稍有不慎也会造成不小的损失。就像性能优良的汽车一样在开阔的道路上飞驰，这时候，坚守居中正固懂得自律会很艰难，但会有利于避免危险。日常无事，也要注重练习推演。

六四：出现任何危险源，哪怕只是一个小小的苗头，都要立即做出防范，不可拖延时机。例如可爱的小牛犊，虽然还没有长出角来，提前给它带上个小木枷，表示已防备它将来长出角来撞伤人。这是多么吉祥从容的预防风险的景象啊。

六五：骟过的公猪可以畜养做事，因为它性情温顺，即使还带有锋利的牙齿也不至于带来危害。企事业单位延揽新手和人才，岗前培训内容中应有企业文化教育，以增强员工归属感。还应知人善任，扬长避短。

上九：经过德行的厚积、控制力的强化，可安心招揽天下贤能之士、收蓄天下可造之物，踏上康庄大道，经纶世事、天下大同。

䷚ 第二十七节　颐——自求口实

【原文】

颐[①]，贞吉。观颐，自求口实。

彖曰：颐，贞吉，养正则吉也。观颐，观其所养也。自求口实，观其自养也。天地养万物，圣人养贤，以及万民。颐之时义大矣哉！

象曰：山下有雷，颐；君子以慎言语，节饮食。

初九：舍尔灵龟，观我朵颐[②]，凶。

象曰：观我朵颐，亦不足贵也。

六二：颠颐，拂经[③]，于丘颐，征凶。

象曰：六二征凶，行失类也。

六三：拂颐，贞凶，十年勿用，无攸利。

象曰：十年勿用，道大悖[④]也。

六四：颠颐吉，虎视眈眈[⑤]，其欲逐逐[⑥]，无咎。

象曰：颠颐之吉，上施光也。

六五：拂经，居贞，吉。不可涉大川。

象曰：居贞之吉，顺以从上也。

上九：由颐，厉吉，利涉大川。

象曰：由颐厉吉，大有庆也。

【注释】

①颐：修养、保养。本文有养身、养家，涵养事业之意。

②观我朵（duǒ）颐：朵通“朵”，下垂颤动貌（《说文》有言“树木垂朵朵”）。此处形容垂涎欲滴的样子。观我朵颐：垂涎欲滴地看着我

的财物。

③拂经：违背常理。

④悖：违逆。

⑤眈眈：注视索取貌。

⑥逐逐：接连不断。

【释义】

善厚家者取之于国，善厚国者取之于诸侯。一家之长要想给自己的家庭带来丰厚的给养、给企业带来光明的前途，就需要为“国”这个范围的事业做出贡献；一国之君要想为自己的国家获取丰厚的资源，就得做好国际合作，互通有无、互补优势，获得国内缺乏的资源。

仰人鼻息地跟人混口饭吃是最为卑微的生存之道。有一个稳妥的颐养之所实属难能可贵。是故，慎于言语可以颐养出从容的心性；节制饮食可以颐养出健康的体魄。

初九：圣人以心导引耳目，故可观天下而不遗；小民以耳目导引心思，故茫然不知己所欲为。流着口水艳羡别人获取的利益，全然忘却自己可贵的才能和资源。这是多么令人羞耻唾弃的形象啊。

六二：违背颐养之道，向本来应该被颐养的人索取给养。必非成事之人。例如那些败家子、啃老族，过惯了饭来张口衣来伸手的生活，长大后不但不赡养父母长辈，反而理所当然地好吃懒做、最终必然坐吃山空。

六三：违背颐养之道，一味贪图享乐，不修身养性、学习技能。定会养成废物一个，被用人单位弃之如敝履，混口饭吃都难。

六四：专心致志，孜孜以求，建构蓝海产业，开发广袤市场。商机甫现，决不错过。必能获取颐养之资。这也是至为光大的经商之道。

六五：脱离群众，身居高位，颐养之资又来自群众。虽有悖于颐养之道。但只要不违正道，追随有德尊长的事业，可以获得吉祥。但决不可领先居首去做事。

上九：肩负全体员工养家糊口的责任，必须谨防凶险，有所戒惧。如此必然会获得大家的信赖。至为吉祥如意。可排除万难，成就应有的事业。

䷛ 第二十八节　大过——矫枉过正

【原文】

大过，栋桡[①]，利有攸往，亨。

彖曰：大过，大者过也。栋桡，本末弱也。刚过而中，巽而说行[②]，利有攸往，乃亨。大过之时大矣哉！

象曰：泽灭木，大过，君子以独立不惧，遁世无闷。

初六：藉用白茅[③]，无咎。

象曰：藉用白茅，柔在下也。

九二：枯杨生稊[④]，老夫得其女妻，无不利。

象曰：老夫女妻，过以相与也。

九三：栋桡，凶。

象曰：栋桡之凶，不可以有辅也。

九四：栋隆，吉；有它吝。

象曰：栋隆之吉，不桡乎下也。

九五：枯杨生华[⑤]，老妇得士夫，无咎无誉。

象曰：枯杨生华，何可久也。老妇士夫，亦可丑也。

上六：过涉灭顶，凶，无咎。

象曰：过涉之凶，不可咎也。

【注释】

①桡（náo）：通“挠”，曲折、弯曲。

②说（yuè）：悦。

③藉（jiè）：衬垫。白茅：洁白的茅草。

④秭（tí）：嫩芽新枝。

⑤华：通“花”。

【释义】

苏轼云：过之为言，偏盛而不均之谓也，故大过者，君骄而无臣之世也。《易》之所贵者，贵乎阳之能御阴，不贵乎阳之凌阴而蔑之也。立阴以养阳也，立臣以卫君也，阴衰而阳失其养，臣弱则君弃其卫。意思是大过之世，阳刚过甚，阴柔失据。君主过强，以致臣子柔弱。例如纣王之强盛——“资辩捷疾，闻见甚敏，材力过人，手格猛兽。智足以拒谏，言足以饰非，矜人臣以能，高天下以声……”如此大过，持之以往，虽有像比干一样的忠臣力谏也不能挽救殷商于危亡。

重视风险、高估危机是本节的基本思想。栋，指房屋的大梁，出现“栋挠”时需矫枉过正，达到“栋隆”的效果。受力构件只有出现“栋隆”形成的拱形才能稳定、安全。

初六：受尊长之托前去办理具体的事情。这样即使遇到意想不到的问题，也会留有汇报周旋的余地，没有咎害。

九二：阳处阴位，昏庸之君获得贤能、强健之臣的扶助，就不会导致政体、组织的衰亡。弱君强臣，只要君主信任臣下、臣子忠于职守，以至盛辅至衰，虽有矫枉过正，也没有什么危害。

九三：作为领导，过于强盛睿智，容不得属下，于是有能力的人会另谋高就，而平庸的人因身无所长、不敢出走而留下。遇到事情，没有得力的助手，就只能亲自冲锋陷阵，必然凶祸连连。例如楚汉战争中的项羽。

九四：大过之时，君子自知凶险所在，故可主动支持属下，赋予属下以能力和资源，必然吉祥如意。但如果有别的企图，导致离心离德，定会造成遗憾。

九五：大人君长过于强盛，处阳刚之位而行阴柔之事。盛极必枯，犹如枯杨生华以自耗，必将加速它的灭亡。

上六：过于强盛的君主，失去臣子的辅助，自知不免灾祸，主动走向灭亡以图治求存。例如纣王之蹈火，从其舍生自咎来看，也就无须责怪了。

䷜ 第二十九节　坎——脱出险陷

【原文】

习坎①，有孚，维心亨②，行有尚。

彖曰：习坎，重险也。水流而不盈，行险而不失其信。维心亨，乃以刚中也。行有尚，往有功也。天险不可升也，地险山川丘陵也，王公设险以守其国，坎之时用大矣哉！

象曰：水洊至③，习坎，君子以常德行，习教事。

初六：习坎，入于坎窞④，凶。

象曰：习坎入坎，失道凶也。

九二：坎有险，求小得。

象曰：求小得，未出中也。

六三：来之坎坎，险且枕，入于坎窞，勿用。

象曰：来之坎坎，终无功也。

六四：樽酒簋贰⑤，用缶，纳约自牖⑥，终无咎。

象曰：樽酒簋贰，刚柔际也。

九五：坎不盈，祗既平⑦，无咎。

象曰：坎不盈，中未大也。

上六：系用徽纆⑧，寘于丛棘⑨，三岁不得，凶。

象曰：上六失道，凶三岁也。

【注释】

①习：重叠。

②维：于是。

③洊（jiàn）：再，谓相仍而至，犹言“叠连”。

④窞（dàn）：深坑。

⑤簋（guǐ）：方形竹器。

⑥牖（yǒu）：户牖，门窗。

⑦祇（zhǐ）：通“坻（dǐ）”，高坡地。

⑧徽纆（huī mò）：徽，系琴弦的绳；纆，木工墨盒里面的墨线。这里皆泛指绳索。

⑨寘（zhì）：通“置”。

【释义】

坎，险阻的意思。如果我们设置险阻用以保护家园，那么这个险阻越是高大就越是吉祥安康。

古代统治阶级设置森严的等级壁垒，也属于设险以自保。上层王公贵族通过高府大院、仪仗冠服等把自己装点得高高在上，用于形成对下级及平民的威慑和统治。但是道义上的身份认定才是最为牢固、最安全的守成之道：“天地之大德曰生，圣人之大宝曰位，何以守位曰仁，何以聚人曰财。理财正辞、禁民为非曰义。”

作为自然人，大家人格都是平等的。但产业有上下、管理有级别、责任有轻重、权限有高低。人人都应健全自身的职业素养，注重团队协作，做好分内工作。全面掌控自己应负责的业务，若自己的业务总被别人主导，说明自己不适合这个岗位。‘易传云：非所困而困焉名必辱，非所据而据焉身必危。既辱且危，死期将至……’。故必须退而求其次，做些自己得心应手的事才有利于自己的身心健康。“坎”在工作生活中的意义体现在，不接收无理干扰、不越权干扰他人的业务。平级越权叫“侵”，下级越权上级叫“篡”，上级越权下级叫“揽”。

之前人们对社会治理、企业运营中存在的等级差异会有抵触情绪，认为是“机构臃肿、效率低下”的表现。其实不然。企业、社会机构发展到一定规模，分级管理是明确权责、提高效率的必要方法。一个国家元首需要跟友邦协商启动某个项目，他只能和对方的元首对接，达成一致意见，然后才能安排相应级别的人员同对方对等部门磋商。而不是为了效率，本国元首和对方的项目经理直接达成项目启动的共识。这样一方面于伦理不合。另一方面，即使达成了所谓共识，对方项目的老板或政府领导兴许会因交换的条件不满意、资源暂不到位等原因予以否决。再如，一个成年人要约朋友一家共同活动，不可能打电话跟对方幼小的儿童沟通协商。所以需要本着级别对等、职权对等的原则开展工作或处理生活事务。

人们需要外出做事，也会遇到各种险阻坎坷。有山川河流的险阻，也会遇到无耻小人设置的羁绊。所以我们需要坚守正直的操守，并不断磨炼、强化自己的能力，方能“三军过后尽开颜”。

有道是：君子豹变，小人革面。当我们自身强大以后，那些原先设置障碍的坏人也会变得驯顺，且向作为强者的我们张目了。这样也定会涉险而无虞。

初六：迷失了宽仁信实的涉险之道，导致大者不能容、小者不能忠，失道寡助，在险难接踵而至的时候必然会滑入更加艰险的深渊。

九二：处坎之时保持清醒，能坚守涉险之道。虽然不能一举超越险阻，但还是可以从逐步解决一些小问题开始，逐步渡过。

六三：遭遇重重艰险，进退维谷。现在有所行动必有更大的风险。不如静以待变，等待时机。

六四：同利者不交而欢，同难者不约而信。用微薄的酒食、礼品结交同处险难者，形成互信互助的同盟，终究不会有什么危害。

九五：在坎险之时，有德有能的大人君长也不敢盲目自大，会虚心接纳前来求助的伙伴，与之同舟共济。这样就可以虽处险而无咎。

上六：背离处险之道，不能屈尊与别人共同面对敌人。而是把自己禁锢在坚绳、蒺藜之中作茧自缚。险难渡过之后即使给他机会，他也就干不成什么事了。

䷝ 第三十节　离——皮存毛附

【原文】

离[①]，利贞，亨。畜牝牛吉[②]。

彖曰：离，丽也[③]；日月丽乎天，百谷草木丽乎土，重明以丽乎正，乃化成天下。柔丽乎中正，故亨；是以畜牝牛吉也。

象曰：明两作，离，大人以继明照于四方。

初九：履错然[④]，敬之，无咎。

象曰：履错之敬，以辟咎也[⑤]。

六二：黄离，元吉。

象曰：黄离元吉，得中道也。

九三：日昃之离[⑥]，不鼓缶而歌，则大耋之嗟[⑦]，凶。

象曰：日昃之离，何可久也。

九四：突如其来如，焚如，死如，弃如[⑧]。

象曰：突如其来如，无所容也。

六五：出涕沱若，戚嗟若，吉。

象曰：六五之吉，离王公也。

上九：王用出征，有嘉折首[⑨]，获其匪丑[⑩]，无咎。

象曰：王用出征，以正邦也。

【注释】

①离：通“丽”，附丽、附着。

②牝（pìn）牛：母牛。

③丽：附着。

④错然：郑重其事的样子。

⑤辟：通“避”。

⑥昃（zè）：太阳偏西。

⑦耋（dié）：七八十岁的老人。

⑧弃如：抛除干净。

⑨嘉：嘉美之功。

⑩丑：类。其匪丑，有“非其类”之意。

【释义】

离者，丽也，依附之意。得其食者不毁其器，食其果者不折其枝。得而不忘其所以得，存而不忘其所以存。离的含义在于依附别人和被别人依附。或依附于某个平台。一个人在这个平台上做得风生水起，并非仅因他的能力有多么强悍、智商有多么超群。这个成功往往只因为他依附这个平台而已。就如战国时的白起，秦的日益强盛造就了他‘一代战神’的荣耀。但他当时若任职于鲁国或代国，就未必能混成一员名将。领导、君长也应善于招贤纳士，畜积民众，致使组织长葆强盛。

初九：依附于别人做事，怀有崇敬之心，井井有条地做好自己的工作，没有坏处。

六二：坚持正气中和的秉性，愉快祥和地依附于人，获得被依附者的器重，是较为美好的情状。

九三：当前时势已每况愈下，再难反转。担有被人依附的职责，不可恋栈，应愉快美好地安顿好善后事宜。否则，失去所有后还会留下不好的名声。

九四：昙花一现的暴发户、艺人或“网红”，貌似光彩照人。但若居位不当、德行浅薄，定不会长久，难以担当被依附的使命。

六五：能与被依附的大人君长同忧同悲，并可以居安思危。是至为吉庆的事。

上九：有德君王，众望所归。率众征伐，必然会应者云集，终可规正天下。

下经

䷞ 第三十一节　咸——和谐沟通

【原文】

咸[①]，亨，利贞，取女吉。

彖曰：咸，感也。柔上而刚下，二气感应以相与，止而说[②]，男下女，是以亨，利贞，取女吉也。天地感而万物化生，圣人感人心而天下和平。观其所感，而天地万物之情可见矣！

象曰：山上有泽，咸，君子以虚受人。

初六：咸其拇。

象曰：咸其拇，志在外也。

六二：咸其腓[③]，凶，居吉。

象曰：虽凶，居吉，顺不害也。

九三：咸其股，执其随，往吝。

象曰：咸其股，亦不处也。志在随人，所执下也。

九四：贞吉悔亡，憧憧往来[④]，朋从尔思。

象曰：贞吉悔亡，未感害也。憧憧往来，未光大也。

九五：咸其脢[⑤]，无悔。

象曰：咸其脢，志末也。

上六：咸其辅颊舌[⑥]。

象曰：咸其辅，颊，舌，滕口说也[⑦]。

【注释】

①咸：通“感”，交感。这里指人和人之间的感应交流、情感沟通。

②说（yuè）：通“悦”。

③腓（féi）：小腿肚。

④憧憧往来：隔三差五地相互往来走动，表示双方交往紧密。

⑤脢（méi）：背脊肉。

⑥辅颊舌：泛指口舌，这里意为“花言巧语”。

⑦滕：通“腾”。

【释义】

现实生活中，不少人在陌生人面前会莫名其妙地感到紧张。《咸》这一节要表述的就是怎样消除这种心理障碍，做到平和、睿智地与人沟通。“山上有泽，咸，君子以虚受人”，就是虚怀若谷，随时准备像谈恋爱、结婚一样与人心意感应、换位思考、相互沟通。这样待人接物，定会吉祥如意。

初六：和初次相识，或者不熟悉的人沟通交流，应把握分寸。视情况允许，可以和人在可控的范围内交换意见。保持积极沟通的意愿。或云“咸其拇”乃“感其慕”的通假，就是初次会面应了解到对方心之所向。做到初步的“知彼”。

六二：腓，覆庇、隐蔽的意思。通过进一步交流观察，查知对方心之所隐。“凶，居吉”，辨别隐藏在表面祥和之中的杀机。这时应耐心寻求时机，沉着冷静，适时表露自己的实力、底气，消除对方的非分之念，确保沟通、交流在平等、互利的氛围里继续推进。2018年发生了中美贸易战，中方的策略与此类似。

九三：“咸其股”，谓感知对方之所必，摸到了对方的底线和“七寸”。这时如果以此作为筹码要挟别人做事的话，会有憾惜。挟持威吓，不是什么光彩的行为。韩非云：强以其所不能为，止其所不能已，如此者身危。

九四：保持正直、无恶意的心态，隔三差五地与人交流来往。对方会感知你的善意和惦记。这样即使显得不够光明正大，但也不失为良好的沟通。

九五：不能诚恳坦诚地正面沟通，各怀自己的小九九，习惯于背后瞎琢磨对方的意图。这样也显得过于浅薄狭隘了。

上六：彼此没有沟通的诚意，各怀鬼胎、曲意逢迎，不过是玩弄一下口舌而已，不值得去浪费时间和精力。

䷟ 第三十二节　恒——坚守正道

【原文】

恒，亨，无咎，利贞，利有攸往。

彖曰：恒，久也。刚上而柔下，雷风相与，巽而动，刚柔皆应，恒。恒，亨无咎，利贞，久於其道也。天地之道，恒久而不已也。利有攸往，终则有始也。日月得天而能久照，四时变化而能久成，圣人久於其道而天下化成。观其所恒，而天地万物之情可见矣！

象曰：雷风，恒；君子以立不易方①。

初六：浚恒②，贞凶，无攸利。

象曰：浚恒之凶，始求深也。

九二：悔亡。

象曰：九二悔亡，能久中也。

九三：不恒其德，或承之羞③，贞吝。

象曰：不恒其德，无所容也。

九四：田无禽④。

象曰：久非其位，安得禽也。

六五：恒其德，贞。妇人吉，夫子凶。

象曰：妇人贞吉，从一而终也。夫子制义，从妇凶也。

上六：振恒，凶。

象曰：振恒在上，大无功也。

【注释】

①方：意为形而上之“道”，这里叫“正确的思想”。

②浚（jùn）：深。

③承之羞：接受、担当因此而带来的羞辱。

④田：通“畋（tián）”，打猎。

【释义】

事物静止不变不是真理，永恒变化才是实情。例如太阳月亮的位置是随时变化的，但它们运行的轨迹是相对恒定的；四季交替的冷暖是随时变化的，但四季循环往复的规律是相对恒定的。

人们每天做的事说的话不是一样的，但却贵在拥有坚守正道、持之以恒的品质。虽风雷交加也不为所动。也许这就是有些人能够成就事业的重要条件吧。

值得坚持的思想、原则一定是正确合理、光明正大的。在组织管理中施行这些原则需要在人心“亨通”之后。苏轼曰：上下未交、恩泽未渥，而骤用其贞，此危道也。用正确的、合理的、光明正大的原则来规正人们的行为，本来就是组织管理的重要原则。但是在组织文化、团结氛围还没有建立起来以前，就妄用原则，肯定存在风险。这时候不严加管理就会失去原则，严加管理又会导致离散。所以持之以恒地坚持原则、保有阳刚正道是需要具备一定群众基础的。

所谓“恩有多深，教可多严”。就像人们教育孩子，平时对他爱答不理，甚至动不动就严厉地挑他的毛病，遇到孩子学习不好或干了坏事再去批评管教，他肯定不愿接受，甚至逆反、对抗；如果平时对孩子照顾体贴、嘘寒问暖，宽严相济，目光里都充满温暖爱意，那么当他做了错事的时候，你稍加关注，不用动口说话，孩子都会感觉比挨打难受。电视剧《亮剑》里面李云龙有张口就骂人的坏脾气，但大家伙都心服口服，在他被免职时非但没有人幸灾乐祸，反而都打抱不平，说明他在感情上获得了大家的拥戴。

有些领导干部在行政管理或企业管理中，不懂得先恩后教的原则，在自己恩威未济之时就动辄“上纲上线”、出言不逊，必然不能服众。这样的坚守原则持之以恒最终会把自己逼到群众的对立面，沦为暴而无恩的独夫。这时如果自己稍有言行不妥，就会被群众放大、攻讦，沦为坚守原则的牺牲品。如果企业领导的德行不足以服众，还要强令让员工们高效率地工作，唯一的办法就是用高收入来稳定队伍，一些迫于生活的员工可能会忍辱负重地继续工作。

初六：行事之初就坚守错误抱残守缺。这样冥顽不化、不知变通的心态必然不是什么好事。

九二：虽然时运未济，但能坚守正道，不为世俗所动，不会导致令人悔恨的事情发生。例如有些人喜好贪图小利，趁混乱之机见财起意，浑水摸鱼。待到尘埃落定之时，遭到清算，必然追悔莫及。

九三：不能持之以恒地保持美好的品德，朝三暮四地像墙头草随风摆动。被人揭穿的时候必然羞愧难当。到头来里外不是人，无地自容。

九四：不能安心地坚守自己的岗位，履行自己应尽的职责。最终必然竹篮打水，一无所获。

六五：晚辈、下属如果能够长久不变地保持柔顺、服从的品德，是大为吉祥的。但尊长、领导失去判断能力，处处听信谗言用以指导组织运行，必招灾祸。

上六：身处领导高位，昏庸无能，动辄被“民意”左右，朝令夕改、摇摆不定，必定凶祸难逃。

䷠ 第三十三节　遁——走为上计

【原文】

遁[1]，亨，小利贞。

彖曰：遁亨，遁而亨也。刚当位而应，与时行也。小利贞，浸而长也[2]。遁之时义大矣哉！

象曰：天下有山，遁，君子以远小人，不恶而严[3]。

初六，遁尾，厉，勿用有攸往。

象曰：遁尾之厉，不往何灾也？

六二，执之用黄牛之革，莫之胜说[4]。

象曰：执用黄牛，固志也。

九三，係遁[5]，有疾厉，畜臣妾吉。

象曰：係遁之厉，有疾惫也。畜臣妾吉，不可大事也。

九四，好遁，君子吉，小人否。

象曰：君子好遁，小人否也。

九五，嘉遁，贞吉。

象曰：嘉遁贞吉，以正志也。

上九，肥遁[6]，无不利。

象曰：肥遁无不利，无所疑也。

【注释】

①遁：退避。

②浸：渐渐。

③不恶而严：面对小人虽无厌恶之色，但威严自显，使其不敢造次。

④说：通“脱”。

⑤係（jì）：系，捆绑。

⑥肥：通“蜚”，即“飞”。

【释义】

君子以远小人，不恶而严。这个“远”，不单是距离上的远离，还包括发自内心的、感情上的“敬而远之”。

聪明的人知道以退为进。身边出现无耻、无良的小人，或者遭遇到粗鲁无理、言行不恰当的人的时候，要尽快远离，但不可以面带憎恶。远离他们。是为了避免纠缠被动，损伤声誉；不显露厌恶之情，则有利于保持庄重威严，不致被轻易冒犯。

就像柔弱的女子在隐秘狭小的空间遭遇了猥琐小人的觊觎，这时表达厌恶会激起他的报复之心；显露出害怕会怂恿他的淫邪之心；只有保持庄重威严，才能对其形成心灵的震慑，使之不敢轻举妄动。

遁亦有远离是非、远离邪恶之意。战国时齐桓公外出巡视，遇到一处颇具规模的废墟,就问这是怎么回事？随从告诉他说,这是郭家大户的遗址。桓公问，老郭家怎么就沦为废墟了呢？随从说，他们家之前不过是喜欢好事、厌恶坏事，对有能力的人赞誉有加，对恶人、无用的人鄙夷嫌弃而已。桓公又问：善善恶恶就是常人的处事之道、生存之道，他家这么干，怎么反而就家破人亡了呢？随从说，只对贤能的人称赞而不用他们，于是他们会心生怨艾；对邪恶的人表现出鄙夷嫌弃必会招致仇恨。与贤人结怨与恶人结仇，他家不亡，何理之有？桓公乃似有所悟而去。

初六：错过了隐退避让的时机，落在后面因此不能全身而退。这时惊慌失措必遭危难，应调整心态冷静面对，以防情况变得更加不利。然后再审时度势，寻求化解之道。

六二：在自己的岗位上，坚定自己的志向。应不因任何情况的变化而动摇初衷，威严自信地履行自己的职责。

九三：逃脱的时候被外物或杂念所牵绊，那就太危险了。这时要是让自己的随从给自己断后、洗地的话，虽算不上光明正大，也不失为转危为安的办法。让合适的人做合适的事，也算是人尽其才了。

九四：识时务的明智君子，可以不计小失而从容退避，必然是大为吉庆的。而贪婪小人却很难做到这一点。

九五：一身正气的大人君子，可以愉快自如地退让以避免损失。因为他深谙屈伸进退的道理。

上九：任务完成，可以随心所欲地远走高飞，毫无牵绊。这是绝对完美的撤离状态。

䷡ 第三十四节　大壮——永葆强盛

【原文】

大壮，利贞。

彖曰：大壮，大者壮也。刚以动，故壮。大壮利贞，大者正也。正大而天地之情可见矣！

象曰：雷在天上，大壮，君子以非礼勿履①。

初九：壮于趾，征凶，有孚。

象曰：壮于趾，其孚穷也。

九二：贞吉。

象曰：九二贞吉，以中也。

九三：小人用壮，君子用罔②，贞厉。羝羊触藩③，羸其角④。

象曰：小人用壮，君子罔也。

九四：贞吉悔亡，藩决不羸，壮于大舆之輹。

象曰：藩决不羸，尚往也。

六五：丧羊于易⑤，无悔。

象曰：丧羊于易，位不当也。

上六：羝羊触藩，不能退，不能遂，无攸利，艰则吉。

象曰：不能退，不能遂，不详也⑥。艰则吉，咎不长也。

【注释】

①履：践行，前往。

②君子用罔（wǎng）：罔，没有。君子用罔：君子虽强不用。

③羝（dī）羊：公羊。这里泛指强壮冒失的大羊。

④羸（léi）：拘累缠绕。

⑤易：通“埸”，田畔。

⑥详：周详审慎。

【释义】

大壮之时，坚守光明正道，可保持强盛不致衰落。佻天不祥，乘人不义。得势的时候仍居安思危，怀济困之心，留敬畏之意。不符合身份的事情不干；不符合身份的话语不说；不符合身份的地方不去。

初九：听从外来说辞而轻易行动不利于长葆强盛。动不动就听信别人，说明鉴别能力有限；轻易行动，可见其人浮躁不可靠。这两种状态下有所行动的话，必然会造成损害。20世纪80年代，山东某农村出了个万元户张三。自以为此生从此就可吃喝不愁，而洋洋得意。一天他的好朋友李四前来告诉他，眼下山西有金矿生意，以他的实力完全可以买些骡子去搞矿砂运输，再大发一笔。于是张三当场拍板行动。结果矿砂品相低，报酬少，骡子又摔死、病死一大半，赔了个底儿朝天。当年“万元户”，一夜回归了“解放前”。

九二：时势不利于自己的时候，能保持中正平和的原则就会没有危害、有收获。这时如要投机取巧、违法妄动，必有凶祸。前些年那个与四川黑社会头子刘汉作对的北京企业家袁氏兄弟，就是误判了形势，没有想到当时的时势不利于自己，贸然雇凶报复，最终落了个人财两空、身死人手的悲剧。

九三：卑劣小人总是狐假虎威妄用强盛；正人君子定会谨言慎行，虽强不用。现实是公平的，争强好胜的人总会遇到能够消灭他强盛气势的对手。

九四：目标就在眼前，尽可强势开动，勇往直前。有敢螳臂当车者，直接碾压而过即可。

六五：强盛之时，偶有时运不济，无故遭受点儿损失也没啥不好的。坦然处之，犯不着患得患失、疑神疑鬼，因此失去应有的优雅。例如偶尔丢失了一只羊，却又去无端怀疑某个邻居偷去了。这样羊丢了损失事小，与邻居结下怨气事大。或许日后自己落魄之时还能收到邻居的落井之石。

上六：身居高位，却因自己的妄用强盛，陷入了被动局面，只要及时醒悟，承受困难，静待时机，则一定会渡过难关。

䷢ 第三十五节 晋——自昭明德

【原文】

晋，康侯用锡马蕃庶[1]，昼日三接。

彖曰：晋，进也。明出地上，顺而丽乎大明，柔进而上行。是以康侯用锡马蕃庶，昼日三接也。

象曰：明出地上，晋，君子以自昭明德。

初六：晋如，摧如[2]，贞吉。罔孚[3]，裕无咎[4]。

象曰：晋如，摧如；独行正也。裕无咎；未受命也。

六二：晋如，愁如，贞吉。受兹介福[5]，于其王母。

象曰：受之介福，以中正也。

六三：众允[6]，悔亡。

象曰：众允之，志上行也。

九四：晋如鼫鼠[7]，贞厉。

象曰：硕鼠贞厉，位不当也。

六五：悔亡，失得勿恤，往吉，无不利。

象曰：失得勿恤，往有庆也。

上九：晋其角，维用伐邑[8]，厉吉，无咎，贞吝。

象曰：维用伐邑，道未光也。

【注释】

①康侯：尊贵的王侯。锡（cì）：通“赐”。蕃庶：众多。

②摧如：摧折打击。

③罔孚：不能取信于人。

④裕：宽延。

⑤介：大。

⑥允：信任。

⑦鼫（shí）鼠：鼯（wú）鼠的一种。这里指身无专技、胆小贪婪之人。

⑧维用：宜于。

【释义】

苏东坡曰：坤之为物，广大博厚，非为臣也，乃诸侯也。尊长、君父无须特意向下属、臣子昭示自己的高尚品德。自昭明德用以定侯安国。

在机遇到来时，有能力的人会像太阳升起一样昭示自己的才华和品德。用以感召凝聚自己的同行者。

初六：晋升之初就遇到障碍。由于没有被赋予什么责任，故不必担心会有什么过失，摧枯拉朽地碾压而过，也不会有什么不妥。蹒跚学步的孩童，碰翻了水杯碗筷；训练野性的小虎咬死了山羊，都不算坏事。

六二：晋升之初感觉自身能力不足，愁容满面地不敢轻举妄动。这时需要端正心态，保持敬畏之心。定会被大人君长护佑而前，有所收获。

六三：前进的方向没有问题，只需要努力进取。因积极向上的心态获得大家的信任和帮助。

九四：贪婪怕事又没有能力担当责任的人，应及时回归正道以防凶险。不是你的，不得贪婪、不要勉强。即使暂时得到，也终将失去。

六五：大的收获即将来临，尽管努力前行。这时即使遇到一点儿障碍或损失也无大碍，更无暇顾及。例如踢足球的时候，一个前锋再补一脚就能进球了，这时即使对方后卫拽破了他的衣服他也不能停顿，先把球踢进去才是王道。

上九：晋升之道已迫近极限。再求进取必然需要花费更大的代价，且效果并不显著。后来会发现即使会有点儿收获也不过如此。说明进取的时世已过，是时候修养待时了。

䷣ 第三十六节　明夷——明哲保身

【原文】

明夷[1]，利艰贞。

彖曰：明入地中，明夷。内文明而外柔顺，以蒙[2]大难，文王以之[3]。利艰贞，晦其明也，内难而能正其志，箕子以之[4]。

象曰：明入地中，明夷；君子以莅众[5]，用晦而明。

初九：明夷于飞，垂其翼。君子于行，三日不食，有攸往，主人有言[6]。

象曰：君子于行，义不食也。

六二：明夷，夷于左股，用拯马壮，吉。

象曰：六二之吉，顺以则也[7]。

九三：明夷于南狩，得其大首，不可疾贞。

象曰：南狩之志，乃大得也。

六四：入于左腹，获明夷之心，出于门庭。

象曰：入于左腹，获心意也。

六五：箕子之明夷，利贞。

象曰：箕子之贞，明不可息也[8]。

上六：不明晦，初登于天，后入于地。

象曰：初登于天，照四国也。后入于地，失则也。

【注释】

①明夷：光明损伤，黑暗来临。

②蒙：蒙受、承受。

③文王：周文王。

④箕（jī）子：殷末贵族，殷文丁王之子，殷纣王的叔父，诤臣。

⑤莅（lì）众：监临、治理众人。

⑥言：责怪之语。

⑦顺以则：既柔顺又能坚守自己的原则。

⑧息：通“熄”。

【释义】

文化大革命是知识分子的明夷，纳粹统治是犹太人的明夷，哥伦布发现新大陆是美洲土著人的明夷。身处当时的人们会感觉天地间一片昏暗，似无出头之日。

初九：当黑暗来临，明智的人们会像鸟儿一样，低垂着翅膀，迅速飞走。正人君子也要放弃地位，不求俸禄的快速归隐，否则要么放弃操守去同流合污，要么会遭受迫害。

六二：作为晚辈、下级，眼见着尊长之大厦将倾。忠顺如斯，往而拯救，但能力不及，执意为之必无所助。待到像马驹子长大而强壮有力的时候才能有所帮助。说明明夷之时，柔弱者不可妄为。

九三：强劲有能力的属下不能规正尊长的昏昧无知。转而开辟新的战场，大获全胜。以成绩说话，逐步改变尊长的见解。

六四：在昏昧的尊长周围，不能有用武之地。应该辞去职责，迅速离开，方能免遭祸害。即免而不去，怀其门庭，必然树大招风，早晚倒霉。

六五：在昏昧的君长身边，曾受其恩泽。想改变、纠正他但处位不当；想全面拯救这个局势但能力不足；弃之远去则于义不可。就像商朝的箕子，其身可辱，但心向光明的志向不可熄灭。

上六：起初登临天上，照耀四方。最终亦不可避免地要坠入地下。世道的光明晦暗都有它的必然规律。昏昧的尊长、君主自身制造了晦暗，必然会加速他自己的倒台和灭亡。那么，暗极明生，光明的前景也就不会远了。

䷤ 第三十七节　家人——齐家治国

【原文】

家人，利女贞。

彖曰：家人，女正位乎内，男正位乎外，男女正，天地之大义也。家人有严君焉，父母之谓也。父父，子子，兄兄，弟弟，夫夫，妇妇，而家道正，正家而天下定矣。

象曰：风自火出，家人，君子以言有物而行有恒。

初九：闲有家，悔亡。

象曰：闲有家①，志未变也。

六二：无攸遂，在中馈②，贞吉。

象曰：六二之吉，顺以巽也。

九三：家人嗃嗃③，悔厉吉；妇子嘻嘻，终吝。

象曰：家人嗃嗃，未失也④；妇子嘻嘻，失家节也。

六四：富家，大吉。

象曰：富家大吉，顺在位也。

九五：王假有家⑤，勿恤吉。

象曰：王假有家，交相爱也。

上九：有孚威如，终吉。

象曰：威如之吉，反身之谓也。

【注释】

①闲：防止邪恶。

②馈（kuì）：给养。中馈：烹饪恰当食物给养不同年龄的家人，即

所谓“老少异粱”。

③嗃嗃（hè hè）：众口愁怨声。

④失：通“佚（yì）”，放荡纵乐。

⑤假（gē）：感格。

【释义】

家者，爱之巢也，情之寄也。如无深爱，何以为家？

有深爱者必有和气，有和气者必有愉色，有愉色者必有婉容。治家恩掩义，处世义掩恩。恩威并济的本意在于，恩出于言语，使人们沟通于温和；威表于执行，君子不能不教而诛。规矩颁布时如春风化雨，谆谆教导，反复说明。后有违犯者，按律行事，决不轻饶。

积极努力的丈夫、正直端庄的妻子，是一个家庭的兴旺之基。治家之道过猛则伤恩，过宽则伤义，难在恩义和合。故做家长的，在家庭生活中要注重自己的一言一行，说话要有目标、有主见。同样的目标，和蔼地去说与暴戾地去喊效果会大不相同。做事要有准则、有规矩，不能朝三暮四、虎头蛇尾，失去了治家的原则。等子女犯了错误再去暴跳如雷发脾气，则为理不通，于义不合。

治家有道，虽遇悍妇亦可彬彬洽处；虽有顽子亦能克绍箕裘。

初九：在家庭生活中，从一开始就要防止错误、消极思想的存在。不以恶小而为之，家长应该从小给孩子灌输不能撒谎、占小便宜、虚荣好面子等思想理念。因为这些看似的“小事”，若不能正确加以引导、教育，终必将酿成大的祸患。小孩子是一张白纸，其言行举止多为家长言传身教的反应。家长品德高尚、言行一致的话，子女也会正直、积极、有爱心。这类似于佛家说的“现世福报”。

六二：在时机尚不成熟、能力尚未足以出门干事的时候，丈夫可以闲下心来帮助妻子料理好家中的事。

九三：治家之道过于严厉，使家人失去应有的温暖而怨言丛生。这时需要及时反省矫正，让家庭氛围宽适温和，必然会吉祥如意。不过要是过度放纵，妇女孩子放浪形骸、随心所欲，则会孳生出歪欲邪望。

六四：长期以来治家有方，家和德厚，人心、财富必然会如水之向低般地汇聚而来。家治而致富，则财富如潭中水，聚而不散；邪财而暴富，则财富如墙头沙，风吹草动即可散之。

九五：大人君长以天下为家，小家过近致大家为远。故心怀苍生的人会适当远小家而谋天下。也需要担心小家的疏离，故应经常温言以通小家的相爱之情。

上九：老人作为一家之中的最长辈，应从严要求自己的言行。保持厚重真诚，就能获得相应的尊重和爱戴。有些老人，自身品行不端，必然难以得到子孙起码的尊重和赡养。人品不端的老人，子女从小耳濡目染，品行也难以高尚。这样老人以孝道来道德绑架要挟子女，子女睚眦必报收拾老人。于是家庭败乱，一地鸡毛。子孙祸乱的恶果，来自祖辈埋下的劣根。

䷥ 第三十八节　睽——对立统一

【原文】

睽，小事吉。

彖曰：睽，火动而上，泽动而下，二女同居，其志不同行。说而丽乎明[①]，柔进而上行，得中而应乎刚。是以小事吉。天地睽，而其事同也。男女睽，而其志通也。万物睽，而其事类也。睽之时用大矣哉！

象曰：上火下泽，睽；君子以同而异[②]。

初九：悔亡，丧马勿逐，自复；见恶人无咎[③]。

象曰：见恶人，以辟咎也[④]。

九二：遇主于巷[⑤]，无咎。

象曰：遇主于巷，未失道也。

六三：见舆曳[⑥]，其牛掣[⑦]，其人天且劓[⑧]，无初有终[⑨]。

象曰：见舆曳，位不当也。无初有终，遇刚也。

九四：睽孤[⑩]，遇元夫，交孚，厉无咎。

象曰：交孚无咎，志行也。

六五：悔亡，厥宗噬肤[⑪]，往何咎。

象曰：厥宗噬肤，往有庆也。

上九：睽孤，见豕负涂[⑫]，载鬼一车，先张之弧，后说之弧[⑬]。匪寇婚媾，往遇雨则吉。

象曰：遇雨之吉，群疑亡也。

【注释】

①说：通“悦”。丽：通“丽”，附丽。

②同而异：求大同存小异。

③见恶人：谦逊地面对、接待与自己对立的人。

④辟：通“避”。

⑤遇主于巷：与上级领导尊长目标一致、同心同德。

⑥曳（yè）：拖拽难行。

⑦掣：被牵制。

⑧天：古代髡（kūn）发之刑。劓（yì）：古代割鼻之刑。

⑨无初有终：期初乖睽，终将欢合。

⑩睽孤：不被理解而“众叛亲离”。

⑪厥：他的。

⑫豕：猪。涂：污泥。

⑬说（tuō）：通“脱”。

【释义】

有天地的睽对才有化育万物的条件，有男女的睽对才有繁衍生息的可能，万事万物的睽对是自然界平衡发展的机理。

没有相处就没有睽对。没有一起睡觉，各做各的梦实属正常，只有同床者才有异梦的说法。兄弟鬩于墙，外御其侮。兄弟者，同根生者也，鬩于墙者，睽于小事也。即使握手言和，不过小的吉祥；外御其侮者，兄弟一家，共同睽对外来侵略，使外患平息，和同于社会，则是大同。

人性好同而恶异，同者生婉，异者生睽。但是美者未必婉，恶者未必狠；从我而来者未必忠，拒我而逸者未必贰。在于心之睽同。

初九：与人对立既成，保持正直无悔的心态，即使丢失了像马这样的财物，也得保持千金散尽还复来的气魄。以这样的状态去面对敌人，不会有危害。

九二：在与敌人睽对的时候努力进取。同尊长、领导志同道合，保持密切沟通以应对，没有危害。

六三：误判了形势，睽错了对象。小人而乘君子之器，据位不当，其势不稳，踯躅不前。只有向着阳刚正确的尊长前进，虽有险阻，但最终也会有所收获。

九四：在暌违之世，阳刚者应积极进取以求大同，阴柔者应追随阳刚以获得强援。阳刚易妄用强盛，进取而无所遇，四面树敌，导致孤立无援。此时幸好遇到志同道合的有德尊长，彼此信任共同发展，虽然有惊险，但没有什么危害。

六五：暌违之世，排除他人干扰与猜疑，前往鼓励、支援阳刚下属的事业。必然会收获吉庆的结果。

上九：暌违之道到达极致，过于挑剔、怀疑别人，于是失道寡助。如能求同存异，用人之长，避人之短，连曾经有罪过的人才都能起用，就会有所成就。

䷦ 第三十九节　蹇——解除蹇难

【原文】

蹇①，利西南，不利东北。利见大人，贞吉。

彖曰：蹇，难也，险在前也。见险而能止，知矣哉②！蹇利西南，往得中也；不利东北，其道穷也。利见大人，往有功也。当位贞吉，以正邦也。蹇之时用大矣哉！

象曰：山上有水，蹇，君子以反身修德。

初六：往蹇，来誉。

象曰：往蹇来誉，宜待也。

六二：王臣蹇蹇，匪躬之故③。

象曰：王臣蹇蹇，终无尤也。

九三：往蹇来反。

象曰：往蹇来反，内喜之也。

六四：往蹇来连④。

象曰：往蹇来连，当位实也。

九五：大蹇朋来。

象曰：大蹇朋来，以中节也⑤。

上六：往蹇来硕⑥，吉；利见大人。

象曰：往蹇来硕，志在内也。利见大人，以从贵也⑦。

【注释】

①蹇（jiǎn）：跛。此指行走艰难状。

②知：通“智”。知矣哉：这是多么智慧的选择啊。

③匪躬：不是自己的原因。匪：通“非”。

④连：接连蹇难。

⑤中节：中正的气节。

⑥硕：宏大的功绩。

⑦从：符合、随从。

【释义】

蹇通謇，谏。蹇辞，意为忠正耿直之言。王臣蹇蹇，意为臣下忠正耿直地辅佐君王。良药苦口利于病，忠言逆耳利于行。君有诤臣，不亡其国；父有诤子，不亡其家。是为忠蹇之道。

自古至今，蹇道从来都是既难又险。以至于很多大臣以死于忠谏为荣，尤其在明朝。劝谏得当、得法，不但能利国利家，还能得到尊长的喜爱和信任。谏，用则留之，不用则去之；诤，用则可生，不用则死。对于决定国家社稷兴亡、身家性命存废的大事，绝不可贸然而诤。应先谋求广泛的支持，做好舆论的先导，然后再谏，方可一举解除家国之危难：春秋时晋国大夫赵无恤得美酒佳人，于是饮酒作乐连续五日五夜不醉不休，并向属下夸耀。优莫上前拜贺说：“您应该努力啊，想当年那纣王多厉害，可以饮酒作乐七天七夜呢！您还差两天就能跟他一样样了。”无恤惊悚，言曰：这么说就是我快灭亡了吧？优莫说，不会灭亡，夏桀王和商纣王的时候有英明神武的商汤王与周武王，所以桀纣他们被灭亡。而现在遍天下都是夏桀王，而您是商纣王，所以现在您还没到最后关头，不过也很危险了。于是无恤悔悟，开始励精图治，奠定了赵国的基业。

初六：谏言解难的时机尚不成熟，贸然前往与尊长死磕，必会陷入困境。这时及时知难而退，安心等待时机才是明智之举。常怀忠谏之心，又能审时度势。入则劝谏尊长过失，出则赞美尊长的功绩优点。

六二：作为下属，能够忠心款款地辅佐尊长，不为私心、私利地给他们提出意见和建议。至公至诚者必有善报，于家于国都不会有坏处。

九三：君不密则失臣，臣不密则失身。入则劝谏尊长的过失，出来则讳莫如深、守口如瓶，甚至把不和谐的因素向外宣为称自己有错。这样做，尊长会打心眼地接纳自己。

六四：前往劝谏尊长，劝谏不成，出来仍会不折不扣地执行尊长的既定指令、履行自己的职责。决不会愚蠢到因政见不同而撂挑子、拆台子。

九五：作为英明君主，能够做到中正平和，广开言路、从善如流。必能获得更多的诤臣、诤友。以至群策群力，团结一切可以团结的力量，无往不利。

上六：作为英明君主、尊长的心腹诤臣，有所劝谏都能为国家、为集体带来丰硕的收获。利见大人，意为这个被辅佐、劝谏的尊长须是有德、英明之人。

䷧ 第四十节　解——破茧而发

【原文】

解，利西南。无所往，其来复吉。有攸往，夙吉[①]。

彖曰：解，险以动，动而免乎险，解。解利西南，往得众也。其来复吉，乃得中也。有攸往夙吉，往有功也。天地解而雷雨作，雷雨作而百果草木皆甲坼[②]。解之时义大矣哉！

象曰：雷雨作，解，君子以赦过宥罪[③]。

初六：无咎。

象曰：刚柔之际，义无咎也。

九二：田获三狐[④]，得黄矢，贞吉。

象曰：九二贞吉，得中道也。

六三：负且乘，致寇至，贞吝。

象曰：负且乘，亦可丑也，自我致戎[⑤]，又谁咎也。

九四：解而拇[⑥]，朋至斯孚。

象曰：解而拇，未当位也。

六五：君子维有解[⑦]，吉。有孚于小人。

象曰：君子有解，小人退也。

上六：公用射隼于高墉之上[⑧]，获之，无不利。

象曰：公用射隼，以解悖也[⑨]。

【注释】

①夙（sù）：早。此处通“速”。

②甲：植物种子的皮壳。坼（chè）：破裂。此处为种芽破壳萌发的意思。

③宥（yòu）：宽容，原谅，饶恕。

④田：通“畋”，打猎。

⑤戎：灾祸。

⑥拇：大拇指，大脚趾。

⑦维：语气词。

⑧隼（sǔn）：鹰，此处泛指恶鸟。墉：城墙。

⑨悖：悖逆者。

【释义】

就像百果草木的种子破壳而发一样，危难、束缚得以纾解，美好的事物犹如春雨后的嫩芽，蓬勃生长。人们也要仿照这样的自然造化，适当宽恕他人的缺点和罪过、解除他人不必要的束缚，使组织得以蓬勃发展。

初六：身上的束缚刚刚得到纾解，在这充满希望和机会的节骨眼上，尽管抢抓机遇，使自己尽快的成长和发展。没有危害。

九二：机会得当，虽然这时可以得到不菲的收获，但是能遵守阳刚中正的气节，仅获取完全属于自己的那一份。这样的坚守正道，必然会吉祥如意。

六三：其德其能都不能承载他所拥有的地位和财富。若财物等被人掠夺而去也算为他纾解了负担。这时候只有保持平常心，坚守正道，才能避免憾惜。

九四：与卑劣小人纠缠不清必然会让人疑虑你的品行道德，迅速解脱、洁身自好才能得到志同道合的正人君子的信任。

六五：居中持正的谦谦君子，以诚信接纳各路人等。那些以己之心猜度君子之腹的小人必然羞愧而退。

上六：大人君子，有备无患，手头资源丰富，危祸突显时，即可随手搞掂。犹如君王配弓矢出猎，即使有恶隼来袭，也能信手射落。

䷨ 第四十一节　损——损益有道

【原文】

损，有孚，元吉，无咎，可贞，利有攸往。曷之用[①]？二簋可用享[②]。

彖曰：损，损下益上，其道上行。损而有孚，元吉，无咎，可贞，利有攸往。曷之用？二簋可用享。二簋应有时，损刚益柔有时。损益盈虚，与时偕行。

象曰：山下有泽，损，君子以惩忿窒欲[③]。

初九：已事遄往[④]，无咎，酌损之。

象曰：已事遄往，尚合志也[⑤]。

九二：利贞，征凶，弗损益之。

象曰：九二利贞，中以为志也。

六三：三人行，则损一人，一人行，则得其友。

象曰：一人行，三则疑也。

六四：损其疾，使遄有喜，无咎。

象曰：损其疾，亦可喜也。

六五：或益之，十朋之龟弗克违[⑥]，元吉。

象曰：六五元吉，自上佑也。

上九：弗损益之，无咎，贞吉，利有攸往，得臣无家。

象曰：弗损益之，大得志也。

【注释】

①曷：通“何”。

②享（xiǎng）：贡献，上贡，献上祭品。

③窒（zhì）：堵塞。

④遄（chuǎn）：迅速。

⑤尚：通“上”。

⑥朋：商周时期的货币单位，以双贝为一朋。

【释义】

从表面上来看，损下益上，就是减损民众而增益上层，看似有悖常理。但损为增益而损，益亦为增益而益。所以损、益之道皆为增益。犹如天下太平国泰民安，久而久之，必然藏富于民，于是稍取民之资以固国，固国以护民，又是益民之道。看似“损”民，实则“益”民。

君子以惩忿窒欲，为自损私心杂念，去除日常工作生活中的怨愤和烦恼。

可见由“通泰”至于“减损”，是为了长葆通泰。苏轼曰：“兑，本乾也，受坤之施而为兑；艮，本坤也，受乾之施而为艮。”这就是损下益上而成损的情状，也体现了由“泰”到“损”转化的内在规律。

社会交往、业务往来的时候有所让利、有所减损，给对方以合作的诚意，如此方能广开收益之道。让步的时候需要构建“高风亮节”的姿态，而不是“委曲求全”。否则本来的平等合作就沦为了屈就。

初九：发现上级领导的工作需要帮助的时候。即使自己会因此造成一些损失做好善后、放下手头的活计前去协助。这样自己的损失是可控的。如果一开始袖手旁观，待到一发不可收拾的时候，再迫于道义或尊长的意志前去救助，那么自己的损失就可能不好控制了。

九二：坚守中正之道，出谋划策，以进取之心声援上级尊长的工作。这样不需要减损自己就可以取得成绩。造成自己的损失，也没人会感恩

六三：和其他人一道减损自己来增益、拥护尊长的工作。但其他人各怀心思、各有保留，这时如果大家一样都言行不一，必然导致损下益上之道穷尽，不能获得尊长的信任。只有自己言行一致、坚决付出，全身心地配合上级的工作，才可以得到上级尊长的赏识和重用。

六四：需要的时候及时获得属下的协助，虽然属下减损较少，但协助

及时，所以大家都乐于相处，没有什么危害。

六五：即使自己不需要协助也能时不时地获得有能力属下带来的好的建议和意外的收获。这样不招自来的收益，实在是大为吉祥。

上九：获得属下的倾力协助。坚守正道，可有所作为。这时不用减损自己，授予属下以合适的岗位，使得人尽其才，必有吉祥。

䷩ 第四十二节　益——损上益下

【原文】

益，利有攸往，利涉大川。

彖曰：益，损上益下，民说无疆[①]，自上下下，其道大光。利有攸往，中正有庆。利涉大川，木道乃行。益动而巽，日进无疆。天施地生，其益无方。凡益之道，与时偕行。

象曰：风雷，益，君子以见善则迁[②]，有过则改。

初九：利用为大作，元吉，无咎。

象曰：元吉无咎，下不厚事也。

六二：或益之十朋之龟，弗克违，永贞吉。王用享于帝，吉。

象曰：或益之，自外来也。

六三：益之用凶事[③]，无咎。有孚中行，告公用圭[④]。

象曰：益用凶事，固有之也。

六四：中行，告公从。利用为依迁国。

象曰：告公从，以益志也。

九五：有孚惠心[⑤]，勿问元吉。有孚惠我德。

象曰：有孚惠心，勿问之矣。惠我德，大得志也。

上九：莫益之，或击之。立心勿恒，凶。

象曰：莫益之，偏辞也[⑥]。或击之，自外来也。

【注释】

①说（yuè）：通“悦”。

②迁：向往。

③凶事：救凶平险的事。

④圭（guī）：一种玉制礼器。古代公卿大夫朝觐天子、诸侯王的时候执圭以示忠信。

⑤惠心：施惠天下的心愿。

⑥偏辞：片面求益之言。

【释义】

损下益上是为损，损上益下实为益。在否闭之世，大家都会希望休止否闭而追求亨通安泰。天地不交是为否闭；损上益下，民悦无疆，方能和合通泰。苏轼曰："天施，乾为巽也；地生，坤为震也。"所以损上益下，方为休否之道。这也体现了由否而益、益而休否的内在规律。

初九：因上级尊长的倾力相助，故而可以与之心意相通，在休止否闭世道的事业中大有作为，这是至为吉祥的事情。因自己处位低微，只有不与上级争功评劳，才能没有危害。

六二：深得上级尊长的信任赏识，会时不时地得到意外的机会和收获。应知恩图报，坚守本心方能吉祥无虞。像诸侯王向天帝献飨一样虔诚，必获吉祥。

六三：在遭遇凶祸的时候得到上级的信任，于是粗衣粝食自贬，以固守这个抚慰式的信任。固守信任而保持中正不偏的行为，没有咎害。

六四：坚守本心，以增益属下、休止否闭世道为己任。非但告知自己对属下的支持、还要以身徇下，即使越俎代庖、亲力亲为也在所不惜。

九五：因对下属的赏识和信任，也获得了下属对自己的忠贞和感恩。这正是至为吉祥如意、和睦顺遂的情景。

上九：损上益下，君子所乐，小人所戚。在增益之世，窃据高位，独怀贪鄙之心。如不能自损而益下，则可能随时招致外来的攻击。导致出其不意的打击，实在是凶险。

䷪ 第四十三节　夬——裁决惩处

【原文】

夬[①]，扬于王庭，孚号，有厉。告自邑，不利即戎[②]，利有攸往。

彖曰：夬，决也，刚决柔也。健而说[③]，决而和，扬于王庭，柔乘五刚也。孚号有厉，其危乃光也。告自邑，不利即戎，所尚乃穷也。利有攸往，刚长乃终也。

象曰：泽上于天，夬。君子以施禄及下，居德则忌[④]。

初九：壮于前趾，往不胜为吝。

象曰：不胜而往，咎也。

九二：惕号，莫夜有戎，勿恤。

象曰：莫夜有戎，得中道也。

九三：壮于頄[⑤]，有凶。君子夬夬独行[⑥]，遇雨若濡，有愠无咎。

象曰：君子夬夬，终无咎也。

九四：臀无肤，其行次且[⑦]。牵羊悔亡，闻言不信。

象曰：其行次且，位不当也。闻言不信，聪不明也。

九五：苋陆夬夬[⑧]，中行无咎。

象曰：中行无咎，中未光也。

上六：无号，终有凶。

象曰：无号之凶，终不可长也。

【注释】

①夬（guài）：决，有“决断”“果决”一类的意思。

②戎：兵事，战事。

③说（yuè）：通“悦”。

④忌：忌讳，憎恶。

⑤壮于頄（qiú）：盛气凌人、怒形于色。頄：颧骨。

⑥夬夬：决而又决，形容刚毅果断地做事。

⑦次且（zī jū）：通“趑趄（zī jū）”，行进困难状。

⑧苋（xiàn）陆：马齿苋。这里以剪除鲜嫩柔脆的草，来形容阳刚决除败德阴柔的果决和轻易。

【释义】

裁决惩处的活动必须在大庭广众之下公开进行，并真诚如实地昭告天下。用以警示、威吓那些蠢蠢欲动的、潜在的犯罪者或已然的罪犯，如果不及时醒悟、悬崖勒马，必将遭受类似的严厉惩处。公开裁决惩处，也是除恶扬善、教化万民的有效方法。

初九：浮躁莽撞地前去惩处罪犯，非但不能完成使命，反而会遭遇凶险。不自量力的意气用事，必会咎由自取。

九二：裁决之道得当，又能时时惊惧提醒。即使半夜遭遇恶人来犯，也不必担心。因为在正义面前，一切反动势力都是“纸老虎”。

九三：把愤怒写在脸上，提前把强盛表露无遗，前去惩处邪恶，遇到意外情况，难以冷静处置，必然凶险环生；如果胸怀坦荡气度，勇敢果决地前往惩处邪恶，虽会偶遇不利条件，也能与之周旋而待机决除，并无咎害。

九四：过分急于前往惩处邪恶，不顾自身条件的缺陷，不听从别人的好言相劝。贸然前往必然步履维艰。这时候只要能坚守阳刚正直的心态，也不致造成危害。

九五：天时地利，干净利索地决除邪恶之徒。但也要保持中和之心。注意不可损害过分、杀伐过盛，造成怨仇。

上六：邪恶小人，窃据高位，自命不凡，倒行逆施。在众多阳刚君子前面招摇显摆，必然不能长久。最终难逃被制裁、清算的命运。

䷫ 第四十四节　姤——相遇相随

【原文】

姤[1]，女壮，勿用取女[2]。

彖曰：姤，遇也，柔遇刚也。勿用取女，不可与长也。天地相遇，品物咸章也。刚遇中正，天下大行也。姤之时义大矣哉！

象曰：天下有风，姤，后以施命诰四方。

初六：系于金柅[3]，贞吉，有攸往，见凶。羸豕孚蹢蠋[4]。

象曰：系于金柅，柔道牵也。

九二：包有鱼[5]，无咎，不利宾。

象曰：包有鱼，义不及宾也。

九三：臀无肤，其行次且[6]，厉，无大咎。

象曰：其行次且，行未牵也。

九四：包无鱼，起凶。

象曰：无鱼之凶，远民也。

九五：以杞包瓜，含章，有陨自天。

象曰：九五含章，中正也。有陨自天，志不舍命也。

上九：姤其角，吝，无咎。

象曰：姤其角，上穷吝也。

【注释】

①姤（gòu）：通“遘”，为遇到，遇见之意。

②用：宜。取：通“娶”。

③柅（ní）：古代大车的配件，刹车器。

④孚：通“浮”，浮躁，轻浮。蹢躅（zhí zhú）：同“踯躅（zhí zhú）”，徘徊不安的样子。

⑤包（páo）：通“庖”，厨房。

⑥次且（zī jū）：通“趑趄（zī jū）”，行进困难状。

【释义】

天地万物的遇合，贵在显明昭彰它的本性，使得各归其类、各取所合。例如人们在遇合相处时，两人气质气势太过悬殊，本应阳刚的过于柔弱，或本应柔弱的过于强健。虽然算不上什么坏事，却也不利于协同做事。否则强健者更加强盛，柔弱者更加无力，加速失衡。不但共同做事如此，男女婚姻也类于此。

风行天下，万物相依，像尊长之心，与万众遇合。所以大人君长，应怀齐平天下之心，颁布政令，昭告四方。

初六：自己条件不具备时应固守正气，保持克制，不能轻易前往谋求遇合。如果轻浮躁动贸然行动，必遭羞辱。

九二：偶得意外之财，不值得用来炫耀宴宾。因为意外之财取之不义。

九三：通往美好合作的道路坎坷难行，虽然危险也阻止不了前进的步伐。勇往直前没什么危害。

九四：偶尔丢失一些财物，因此疑神疑鬼兴起争执，会有凶险。因为这样必然会失去四邻的支持。

九五：安处尊位，天时地利，心怀高尚品德，坚守中道，心地纯正。美好的遇合会不求自来，包括婚姻、机会、生意伙伴等。

上九：遇合之道穷尽，谋求遇合的条件过于极端不切实际。虽无咎害，终不得志。

䷬ 第四十五节　萃——聚众谋事

【原文】

萃[1]，王假有庙[2]，利见大人，亨，利贞。用大牲吉，利有攸往。

彖曰：萃，聚也。顺以说，刚中而应，故聚也。王假有庙，致孝享也。利见大人亨，聚以正也。用大牲吉，利有攸往，顺天命也。观其所聚，而天地万物之情可见矣。

象曰：泽上於地，萃，君子以除戎器，戒不虞。

初六：有孚不终，乃乱乃萃。若号，一握为笑。勿恤，往无咎。

象曰：乃乱乃萃，其志乱也。

六二：引吉，无咎，孚乃利用禴[3]。

象曰：引吉无咎，中未变也。

六三：萃如，嗟如[4]。无攸利，往无咎，小吝。

象曰：往无咎，上巽也。

九四：大吉，无咎。

象曰：大吉无咎，位不当也。

九五：萃有位，无咎。匪孚，元永贞，悔亡。

象曰：萃有位，志未光也。

上六：齎咨涕洟[5]，无咎。

象曰：齎咨涕洟，未安上也。

【注释】

①萃：汇聚，荟聚。

②假（gē）：感格。

③禴（yuè）：通“礿（yuè）”，夏商时期在春天举行的一种祭祀，周代在夏天举行。

④嗟（jiē）如：嗟叹声声。

⑤赍咨（jī zī）：叠韵连绵词，悲叹连连的声音。

【释义】

聚众人而谋，是能行大事之势。号召众人萃聚的组织者必须是像宗教信仰般虔诚地为大家负责、为大家着想的人；是能明确目标、可以身作则的人；还必须是有德、有才、有能力的人。缺一不可，否则必是自寻烦恼、自讨苦吃。

众人会集的时候必然泥沙俱下，啥鸟都有。少不了反对者、造反派甚至敌对、暴恐分子。所以必须预先做好防范，备好武器装备，以防局面失控，或恶性事件的发生。

初六：参加聚会者不能始终如一地保持聚集的初心，不响应召集者的心志。各种动乱危机必然接踵而至。但这终究属于柔弱小人引发的不顺利，没有大的危害，可信手解决。

六二：接受上级尊长的号召而参加团聚。虔诚之心溢于言表，这肯定是很好的事情，没有危害。缺心眼的人才会无视尊长号召的团聚。

六三：“遇士无礼，不可以得贤”。志士不饮盗泉之水，廉者不受嗟来之食。强哭者虽病不哀，强亲者虽笑不和。被人呼呵而来参加聚会，没什么坏处，也不会贡献什么建设性的意见。

九四：领导、尊长赋予自己召集聚会的权力是大好事。但自身据位不妥当，名不正言不顺，做好了事情到头来也不过属于“没有危害”。做不好了一定会受到惩罚。说明据位不当的时候，不可勉强出面卖弄才能。就如古代太子出征，成功了还是太子，失败了可能连太子之位都给罚没了。

九五：即使天时地利人和，大人君长在自己的德行能力和所处地位都足以号召集会的情况下召集萃聚，也会遭遇属下既得利益团伙的干扰，而不能使得所有民众响应参与号召。虽暂无危害，但这样的情况终究不能被允许。但是退一步、站在统治者的角度来看，不响应的民众也是自己的民众，“既得利益团体”也可为己所用。也就没什么遗憾了。

上六：众人集会的时候，德薄力亏者窃据尊崇之位一定会惊魂不定、担惊受怕，难以安稳。

䷭ 第四十六节　升——顺势成长

【原文】

升，元亨。用见大人，勿恤。南征吉。

彖曰：柔以时升，巽而顺，刚中而应，是以大亨。用见大人，勿恤，有庆也。南征吉，志行也。

象曰：地中生木，升，君子以顺德，积小以高大[①]。

初六：允升[②]，大吉。

象曰：允升大吉，上合志也。

九二：孚乃利用禴，无咎。

象曰：九二之孚，有喜也。

九三：升虚邑[③]。

象曰：升虚邑，无所疑也。

六四：王用亨于岐山，吉，无咎。

象曰：王用亨于岐山，顺事也。

六五：贞吉，升阶[④]。

象曰：贞吉升阶，大得志也。

上六：冥升[⑤]，利于不息之贞。

象曰：冥升在上，消不富也。

【注释】

①积小以高大：累积小善而成就崇高宏大的事业。

②允：当，宜于。

③虚：空。

④升阶：拾级而上。

⑤冥：昏昧。

【释义】

从弱小成长为高大，从卑微成长为尊崇，无不需要敬畏时势、顺应自然，遵从谦逊而不悖逆万物的道理。

初六：在很弱小、卑微的时候，上升空间很大。只要真诚，拥有成长的意愿，定会得到阳刚而又慷慨尊长的协助。因为这符合尊长的意愿。

九二：成长之时，心怀诚挚的感恩之心，会获得赞许，没有什么危害。

九三：已经成长强大，在时机成熟的时候彰显强盛威势。阴柔在上的小人也会予以避让甚至前来帮助（作为既得利益者，他们之前对弱小、异类都是设阻使绊的）。但是如果得势者一味招摇不知收敛，也会遭遇打击，祸福难料。

六四：遇到新秀崛起或强寇来犯，应虚怀若谷。顺应时势，释然而避之，反而会收获道义与吉庆。例如周太王古公怀德而迁，至于岐，国民也都跟随而来。蛮夷之人虽得豳国，不过空城荒地而已，于是也就失望而归。

六五：坚守本分，助力那些真诚有潜力、知恩图报的人更进一步，必然可以大遂心愿，吉祥如意。

上六：已经足够强大，并高高在上。仍不满现状，图谋高升，必然会盛极而衰。这时候如选择激流勇退则不失睿智。一味进取，会自取其辱。

䷮ 第四十七节　困——穷途困厄

【原文】

困，亨，贞，大人吉，无咎，有言不信。

彖曰：困，刚揜也[①]。险以说，困而不失其所亨，其唯君子乎？贞大人吉，以刚中也。有言不信，尚口乃穷也。

象曰：泽无水，困，君子以致命遂志[②]。

初六：臀困于株木，入于幽谷，三岁不覿[③]，凶[④]。

象曰：入于幽谷，幽不明也。

九二：困于酒食，朱绂方来[⑤]，利用享祀，征凶，无咎。

象曰：困于酒食，中有庆也。

六三：困于石，据于蒺藜，入于其宫，不见其妻，凶。

象曰：据于蒺藜，乘刚也。入于其宫，不见其妻，不祥也。

九四：来徐徐，困于金车，吝，有终。

象曰：来徐徐，志在下也。虽不当位，有与也。

九五：劓刖[⑥]，困于赤绂[⑦]，乃徐有说，利用祭祀。

象曰：劓刖，志未得也。乃徐有说，以中直也。利用祭祀，受福也。

上六：困于葛藟[⑧]，于臲卼[⑨]。曰动悔，有悔，征吉。

象曰：困于葛藟，未当也。动悔，有悔吉，行也。

【注释】

①揜（yān）：通“掩”。

②遂：顺遂，实现。

③覿（dí）：见到，出现。

④凶：根据长沙马王堆汉墓出土的《帛书周易》添补此字。

⑤朱绂（fú）：官服的饰带，此处指高官厚禄。

⑥劓（yì）：削鼻的酷刑。刖（yuè）：断足的酷刑。

⑦赤绂（fú）：官服的饰带，此处指地位尊贵。

⑧葛藟（gé lěi）：藤葛缠绕。

⑨臲卼（niè wù）：摇摆不安定。

【释义】

因阳刚君子如果能自始至终居位正当，虽被人蒙蔽而陷入困顿，就不至于遭受戕害。人在困顿中，以柔用刚利于脱困。尽量少说话，因为说了也没人相信，没有意义不如不说。

困顿时如果有豁出去的决心，就有可能突破困局，万事顺利，大为亨通。一个人拥有不羁的灵魂、洒脱的性格和美好的愿望，即使平凡，也是伟大的平凡；如若成功，就是光辉的成功。缺乏这些特质的人，即使有幸发了迹，也不过是个昙花一现的暴发户。

初六：自己能力不济的时候，就不要去探索危险、幽闭的地方。一旦陷入，求助无望，就很难脱身。包括做生意，生疏的领域不可贸然涉足。因为不熟悉的地方不知道水有多深，也不知道水下是否有激流旋涡和暗礁。

九二：正人君子在即将困顿之时，可以用酒食感怀化解试图阻困自己的人。苏轼曰："天下易怀者，惟小人也；方其见撓也，争之以力，虽刀锯不足；而将怀之也，虽酒食有馀矣。"君子虽刚健，但处困之时应该注重以柔用刚，不可轻用其威，有利脱困。

六三：从爻位来看，阴柔小人窃据阳刚之位，难以驾驭职责，必然困难重重、凶险未卜。子曰：非所困而困焉名必辱，非所据而据焉身必危，既辱且危，死期将至，妻岂可得见耶？心怀叵测，能力不济，没有自知之明的一意孤行，窃据自己不能掌控的岗位。必然会身受重创、进退无门，众叛亲离，家门不幸。

九四：有能力的人处于困境，心无畏惧、举止庄重。但因心无远志，易为身外之物所累。会有所遗憾。但最终会有人帮助而脱困。

九五：虽在正当之位，怀有中直的心态，但是脱困的时候妄用威势，杀伐太重。造成近困难解，远敌又来。这时只有强健而灵活的下属前来解围，才能逐渐摆脱困境。

上六：困于世俗的牵绊，被乡愿和市井舆论所左右。造成立场不明、左右摇摆，有所行动必会随波逐流，难以成事。这时候如能幡然悔悟，做出最为符合自身条件、自身资源的决策，并力排众议、付诸实施，必然也是吉祥如意的。

䷯ 第四十八节　井——大德养民

【原文】

井，改邑不改井，无丧无得，往来井井。汔至①，亦未繘井②，羸其瓶③，凶。

彖曰：巽乎水而上水，井。井养而不穷也。改邑不改井，乃以刚中也。汔至亦未繘井，未有功也。羸其瓶，是以凶也。

象曰：木上有水，井，君子以劳民劝相。

初六：井泥不食，旧井无禽。

象曰：井泥不食，下也。旧井无禽，时舍也。

九二：井谷射鲋④，瓮敝漏。

象曰：井谷射鲋，无与也。

九三：井渫不食⑤，为我民恻，可用汲，王明，并受其福。

象曰：井渫不食，行恻也。求王明，受福也。

六四：井甃⑥，无咎。

象曰：井甃无咎，修井也。

九五：井冽，寒泉食。

象曰：寒泉之食，中正也。

上六：井收勿幕，有孚，元吉。

象曰：元吉在上，大成也。

【注释】

①汔（qì）：接近。

②繘（jú）：通“矞（jué）”，溢出。这里指还未拉出井口。

③羸（léi）：倾覆。

④鲋（fù）：小鱼。

⑤渫（xiè）：淘井。

⑥甃（zhòu）：用砖修补井壁。

【释义】

君子厚德，像井水一样取之不降，益之不升。泽养万民，正直而无偏私。近而取得者养之，远而不及者不养，养与不养与己无关。

初六：拥有井养万众的愿望。但时局不利，落得被时光遗忘的处境。井之道，养之则日新，不养则日亡。如果最初有人经常取水而用，则会让井水保持清澈无淤积。如果时机不济，无人取水，则会逐渐淤积，以至于不能养人。

九二：珍贵的东西居位不当，没有被恰当地利用。这是时代的悲哀。例如文化大革命期间，知识分子被下放到农村，用握笔的手去种地；有种地经验的农民则去读工农兵大学，用种地的手去握笔。于是田地一片荒芜，文化也是一片荒芜。工厂停工，学校罢课，父子相残、夫妻划界，社会秩序一度歇菜。以至于至今的文化中还充斥着浮躁与功利、面子和虚伪。

九三：美好的事物济养天下，但酒香也怕巷子深。知道它的人还很少，一边惠及发现它的人，一边让人叹息惋惜。只有明智的大人君子才能指示众人前来取得福泽。

六四：修整、强化福泽万民的功用，以便使得更多的人获得福泽。会耽误些时日，但终究没有什么危害。

九五：水井居位适中，井水清冽甘甜，人们取用方便。象征福泽大众的大人君子，他的内心纯正无私，行为不偏不倚，言行举止十分妥当。

上六：受井水滋养的人们关系融洽、团结互助。说明滋养世人的事业被发扬光大，取得巨大的成功。

䷰ 第四十九节　革——革旧图新

【原文】

革[1]，己日乃孚[2]，元亨利贞，悔亡。

彖曰：革，水火相息，二女同居，其志不相得，曰革。己日乃孚，革而信也。文明以说，大亨以正，革而当，其悔乃亡。天地革而四时成，汤武革命，顺乎天而应乎人，革之时义大矣哉！

象曰：泽中有火，革，君子以治历明时[3]。

初九：巩用黄牛之革[4]。

象曰：巩用黄牛，不可以有为也。

六二：己日乃革之，征吉，无咎。

象曰：己日革之，行有嘉也。

九三：征凶，贞厉，革言三就，有孚。

象曰：革言三就，又何之矣。

九四：悔亡，有孚改命，吉。

象曰：改命之吉，信志也[5]。

九五：大人虎变，未占有孚。

象曰：大人虎变，其文炳也。

上六：君子豹变，小人革面，征凶，居贞吉。

象曰：君子豹变，其文蔚也。小人革面，顺以从君也。

【注释】

①革：变革，改革。

②己（jǐ）日：适合于变革的时机。

③明时：明辨四季更替。这里喻指因应天道更替的时势，而对自己的事业、生活做出相应的变革调整。

④巩：牢固，用……紧固。

⑤信：通“伸”，舒展。本文指变革的意志得以顺畅执行。

【释义】

智慧的人观天气阴晴、四季迭代，悟出应随时机交替、因地制宜而变革的理念。

《史记·赵世家》有云：“以书御者不尽马之情；以古制今者不达事之变。故循法之功不足以高世，法古之学不足以制今”“圣人果可以利其国，不一其用；果可以便其事，不同其理”。意思就是环境和时局一直在变化，因循守旧、刻舟求剑，总是照搬以前的教条，一定不能办好当下的事，只有因地制宜、切合现实的方法和手段才是解决问题的关键所在。

初九：在变革的初期，旧制度、旧体制仍然残存着一定的优点和价值，并且还可能余威犹存，在其劣势还不太明显的时候，贸然推动改革，风险较大。所以此时还是要有自知之明、安分守己的好。

六二：到了需要变革的时候，要与时俱进，能接受新事物和不同的意见、建议。不要抱残守缺，让自己成为变革的绊脚石。这时采取建设性的行动没有害处。

九三：变革的时机还没有完全成熟的时候发起变革，遭到了顽强的抵抗。于是凶险、危机接踵而至。既然知道除了改革别无它途，这时就应不忘初心，坚守正道，心怀虔诚和敬畏勇往直前。在发起变革之前，需要多次研究，缜密布局，并再三发布变革的通告，以取得广泛的理解和支持。

九四：通过不懈的努力，变革的条件初步具备。怀有革命的虔诚之心，获得民众的信赖之情。这是至为吉祥的现象。

九五：位尊德茂，万事俱备。大人尊长像虎啸山林一样革除旧弊。这时一切抵抗势力都会闻风丧胆，甚至会主动过来支持改革。毫无疑问，这样的变革必然会大获成功，革旧图新的美德光耀天下。

上六：身居高位的君子，会心悦诚服地响应主政者的改革，像豹子的斑纹一样修美变革的事业。而无耻小人则会在改革大潮来临时表面装作顺从改革、支持改革，但反扑的机会一旦成熟，就会迫不及待地发动攻击。所以即使改革进入了新常态后，也要谨防凶险，需要时刻坚守正道方能吉祥。

䷱ 第五十节 鼎——不辱使命

【原文】

鼎：元吉，亨。

彖曰：鼎，象也。以木巽火，亨饪也①。圣人亨以享上帝，而大亨以养圣贤。巽而耳目聪明②，柔进而上行，得中而应乎刚，是以元亨。

象曰：木上有火，鼎，君子以正位凝命③。

初六：鼎颠趾，利出否④，得妾以其子，无咎。

象曰：鼎颠趾，未悖也。利出否，以从贵也。

九二：鼎有实，我仇有疾⑤，不我能即⑥，吉。

象曰：鼎有实，慎所之也。我仇有疾，终无尤也。

九三：鼎耳革，其行塞，雉膏不食，方雨亏悔，终吉。

象曰：鼎耳革，失其义也。

九四：鼎折足，覆公餗⑦，其形渥⑧，凶。

象曰：覆公餗，信如何也。

六五：鼎黄耳金铉，利贞。

象曰：鼎黄耳，中以为实也。

上九：鼎玉铉，大吉，无不利。

象曰：玉铉在上，刚柔节也。

【注释】

①亨（pēng）：通“烹”，烹饪。

②巽而耳目聪明：因属下百官诸侯的巽服，他们的耳目都成了自己的耳目，故可以目视远夷、耳听万里。

③凝：严守。

④否：污秽之物，废物。

⑤仇：同伴。

⑥即：前来。不我能即：不能前来看望我。

⑦餗（sù）：美味佳肴。公餗：献给君王公侯的美食。

⑧渥（wò）：沾濡的样子。

【释义】

德厚力强、聪明睿智的大人君子在创业之初，谁都不知道这个事业将来会是什么样子的。一旦基业彰显，犹如大厦落成，屹立于天地之间，便是物显其像万人敬仰的时候。

鼎是烹煮的器物，是献飨的礼器，亦是政权的象征。苏轼说，大器非器也，大烹非烹也。大厦落成，提供岗位薪俸，供养有才能的人为天下万民的福祉而工作。是为大烹也。

鼎，象征岗位、责任。大人尊长设立岗位畜养有相应能力的人，以济养、福泽万民。易传说：“君不密则失臣，臣不密则失身，几事不密则害成。”这个“密”是缜密的意思：领导办事不缜密容易失去下属的得力协助，下属办事不缜密容易丢了饭碗，一帮人研讨问题、计划不缜密就会事倍功半、难以完成任务。每个人在自己的岗位上都应该敬业爱岗、缜密行事。有人认为这个“密”是秘密的意思，笔者认为要是这个意思的话，原文就会用“秘”。不过话说回来，办事缜密的话也就不会“泄密”了，“缜密”也包含了这个保密的要求。

我们国家的中央政府向五个民族自治地区赠送‘民族团结宝鼎’，亦有对当地各级干部群众寄托守职敬岗、不负嘱托之意。

初六：鼎器在烹煮食物之前需要及时颠倒用以除秽去污。如果在填充食物以后再过分要求整洁而颠倒清理不好的食品材料，则会无物可烹。所以设岗选人也是一样，不可求全责备，否则导致无人可用。应该英雄不问出处，凡适合岗位者皆可用之。犹如要选立有为太子，可以不管他的生母之尊卑。

九二：自己的才干足以胜任这个岗位，但同伴暂时还有所顾忌不能到来一起完成任务。这时就需要谨慎地把握好努力的方向，安心以待，至为吉祥。

九三：用鼎的耳朵去烫熟食物。属于工作安排失误，用不恰当的人去干他不擅长的事。导致事情干不好，已经煮熟的鸭子也吃不到。但到了恰当的时机，幡然悔悟，认识到了人事安排的失误。于是调整恰当的人去做他擅长的工作，最终还是会有所收获的。

九四：任用了浮躁冒进的人到至为关键的岗位，造成重大损失，使大人尊长颜面尽失。这样的德行能力真是太不值得信任了。

六五：足以胜任岗位而不亢进，性格柔和而大度。必能牢守心中正气，使得工作生活吉祥如意、从容不迫。

上九：经过全面的培养和历练，使得招聘储备的员工德才兼备。就像玉制的鼎杠一样足以胜任各个重要岗位。这样就会至为吉祥，无往不利。

䷲ 第五十一节　震——恐惧修省

【原文】

震，亨。震来虩虩①，笑言哑哑②。震惊百里，不丧匕鬯③。

彖曰：震，亨。震来虩虩，恐致福也。笑言哑哑，后有则也。震惊百里，惊远而惧迩也。出可以守宗庙社稷，以为祭主也。

象曰：洊雷④，震；君子以恐惧修省。

初九：震来虩虩，后笑言哑哑，吉。

象曰：震来虩虩，恐致福也。笑言哑哑，后有则也。

六二：震来厉，亿丧贝⑤，跻于九陵，勿逐，七日得。

象曰：震来厉，乘刚也。

六三：震苏苏，震行无眚⑥。

象曰：震苏苏，位不当也。

九四：震遂泥⑦。

象曰：震遂泥，未光也。

六五：震往来厉，亿无丧，有事。

象曰：震往来厉，危行也。其事在中，大无丧也。

上六：震索索，视矍矍⑧，征凶。震不于其躬，于其邻，无咎。婚媾有言。

象曰：震索索，未得中也。虽凶无咎，畏邻戒也。

【注释】

①虩虩（xì xì）：恐惧的样子。

②哑哑（yā yā）：连绵的笑声。

③鬯（chàng）：祭祀时用的薄酒。匕鬯：祭具。

④洊（jiàn）：迭连。

⑤亿：大。

⑥眚（shěng）：灾祸。

⑦遂：通“坠”。

⑧矍矍（jué jué）：双目旁顾不安的样子。

【释义】

上级尊长的威势像惊雷一样响动。不是为了要摧毁什么，而是需要震慑（即将）越轨的思想和行为。用以规正思想、言行的震雷响起时，品端行正的人则不致惊惧失措。所以说这个震慑是具有“靶向”作用的。

初九：用不定期的震慑来规整民风。思想、行为有所偏失的人会受到威吓而回归正道。品行端正的人在威慑到来时因事不关己故可以从容不惊。之所以叫威慑，就是板子举了起来而没有打到屁股上。大家都懂得规矩了，于是就会和谐相处、欢声笑语不断了。

六二：面对尊长、上级的威慑，不可以顶风作案。否则会遭受更为严厉的制裁。应知趣地收敛、改过，即使拥有不少的既得利益，也不得贪恋。用更高远的眼光去全面看待问题，必能收获本应属于自己的财富。

六三：在上级尊长发出震慑、警示的时候，虽然不是针对自己，也要自省是否存在偏颇不当。有则改之无则加勉，方可避免招致羞辱。一个小故事：农场院子里摆了个用来晒粮食的箩筐，院里的鸡和猴子经常过去把箩筐打翻。一天鸡又打翻了箩筐，农夫就当着猴子的面把鸡给剁了，从此那箩筐就再也没有被打翻过。

九四：对民众滥施威吓，会使震慑之道穷尽，甚至会招致强烈的抵抗。例如商纣王滥施酷刑以震慑民众，造成民不聊生，怨声载道。以至于反抗的人越来越多，后来连炮烙之刑都用上了，也未能达到震慑的目的。最终武王造反，兵众倒戈，商纣灭亡。

六五：中正君子在昏庸无道者的淫威之下从容应对，借机反抗，虽然有危险，但必定能够大有作为。例如周文王被滥施淫威的纣王囚在羑里，解脱后冒着灭门的危险举起了剿灭纣王的大旗，为最终天下归心、一举成功打下了基础。

上六：师出无名的威吓到了穷尽的尾声，没有任何作用。要是面对这样的威慑还要惊慌失措、四处奔走、惶惶不可终日的话，必然不能有所作为。无意义的威慑即使强加到近邻身上也不会有危害。这时如果前去跟施威者和谈，会落下笑柄。就像对手都已经奄奄一息了，却还在举着武器做出威吓的样子，那么就不用躲避，毋需谈判，只管一脚踹倒即可。

䷳ 第五十二节　艮——适可而止

【原文】

艮其背[①]，不获其身，行其庭，不见其人，无咎。

彖曰：艮，止也。时止则止，时行则行，动静不失其时，其道光明。艮其止，止其所也。上下敌应，不相与也。是以不获其身。行其庭，不见其人，无咎也。

象曰：兼山，艮，君子以思不出其位。

初六：艮其趾，无咎，利永贞。

象曰：艮其趾，未失正也。

六二：艮其腓[②]，不拯其随[③]，其心不快。

象曰：不拯其随，未退听也。

九三：艮其限[④]，列其夤[⑤]，厉薰心[⑥]。

象曰：艮其限，危薰心也。

六四：艮其身，无咎。

象曰：艮其身，止诸躬也。

六五：艮其辅[⑦]，言有序，悔亡。

象曰：艮其辅，以中正也。

上九：敦艮，吉。

象曰：敦艮之吉，以厚终也。

【注释】

①艮（gèn）：抑止，制止。

②腓：小腿肚。

③拯：通“承”，举。

④限：界限。此处指腰部。

⑤夤（yín）：脊背肉。

⑥厉：凶险。

⑦辅：口。这里指言语。

【释义】

圣人君子的可贵之处，不仅仅在于他能够不为外物所动。还体现在和世人同处日常琐事、是非得失时内心的平和不乱。

汽车之所以敢于快行，是因为它的刹车系统强健可靠。有所休止、适可而止的意义在于使天下万物各得其所。“君子以思不出其位”，规矩在心中，方能行止得当，就如孔子所崇尚的“随心所欲而不逾矩”。

君子慎独。即使是思想活动，也不超出正常的伦理范畴。俗话说“头上三尺有神灵”，不管那“神灵”是不是真的存在，但人的心底对天道正义的那份敬畏之心不可或缺。否则，一些猥琐之气必然会发于内心而溢于言表。

初六：行止接受上级的号令，没有坏处。要时刻坚守自己的责任，就像汽车的刹车片必须随时响应驾驶员的意志一样行止有当。

六二：下属的行为被抑止，上级再行启动时，仍不能变止为动。这必然会造成不利的影响。就像大车要前进了，但刹车没有松开，体现出刹车体系管理不妥当，不能顺应时势，必然给大家带来忧虑。

九三：身处岗位而冥顽不化，自恃强健而置上级的行止指令不顾，必然风险大增，被辞退是迟早的事。

六四：自己可以明察时势，见机行事。知止则止，行止自如。这是没有什么危害的。例如一个人的言谈举止都能收放自如，就会给人以优雅的亲和感。

六五：抑止之志深入内心，就连开口说话都要斟酌再三。吉人其辞寡，躁人其辞多，诬善之人其辞游，失其守者其辞屈。

上九：压抑到极致，必生释抑再发的志向。梏者不忘释、痿者不忘举，乃万物之常情。苏轼曰：“在止之极而不忘于动，非天下之至厚，其孰能之？”

䷴ 第五十三节　渐——稳步推进

【原文】

渐，女归吉[①]，利贞。

彖曰：渐之进也，女归吉也。进得位，往有功也。进以正，可以正邦也。其位刚得中也。止而巽，动不穷也。

象曰：山上有木，渐君子以居贤德善俗[②]。

初六：鸿渐于干[③]，小子厉，有言，无咎。

象曰：小子之厉，义无咎也。

六二：鸿渐于磐[④]，饮食衎衎[⑤]，吉。

象曰：饮食衎衎，不素饱也。

九三：鸿渐于陆，夫征不复，妇孕不育[⑥]，凶。利御寇。

象曰：夫征不复，离群丑也。妇孕不育，失其道也。利用御寇，顺相保也。

六四：鸿渐于木，或得其桷[⑦]，无咎。

象曰：或得其桷，顺以巽也。

九五：鸿渐于陵[⑧]，妇三岁不孕，终莫之胜，吉。

象曰：终莫之胜，吉，得所愿也。

上九：鸿渐于逵[⑨]，其羽可用为仪，吉。

象曰：其羽可用为仪，吉，不可乱也。

【注释】

①归：嫁出。

②居：逐渐积累。

③干：水涯。

④磐：大石头。

⑤衎衎（kàn kàn）：和乐的样子。

⑥孕不育：孕非其夫所为。

⑦桷（jué）：树枝的平柯。

⑧陵：丘陵。

⑨逵（lǔ）：高山。

【释义】

事业推进需要顺应时势，循序渐进，方能规避风险，有所成就。正人君子像山上树木逐渐高大一样，修德养性，改善社会风尚。

初六：在自身弱小而不足以抵御潜在危险的时候应保持积极向上的、努力进取的心态。贪图嬉乐会有凶险，若能在遭受言语中伤时幡然悔悟，也不会有损失。

六二：事业发展、成长到一定程度，找到了适合企业进一步发展的平台。业务收入节节攀升，不断的努力终于得到了相应的回报。吉祥如意。

九三：企业积累了一定的实力，但发展偏离了合理的轨道。盲目进取将致万劫不复。会像妇女非夫而孕一样，结局难料。这时把主要精力转移到防备祸患上去才是正确的选择。当发现事业发展迷失方向、步入危途时，必须及时警醒，果断止损，以保全实力。

六四：因迷失目标而陷入困境的集体、企业，幸而得到一些机会。调整战略方针，顺应这个机会，以谋得生存和发展，不会有危害。

九五：企业具备了一定的实力，又恰逢适合发展的环境，目标远大正确。员工下属也都能够长期同甘共苦、不改其志。这样必会心随所愿、大有收获。

上九：功成名就、不受外物所累。仍需要寻求更适合自己的处所，以达到臻于完美的境界。可见这时，在进退行止之际，是多么的雍容华美、值得大家观仰赞叹！

䷵ 第五十四节　归妹——婚嫁大事

【原文】

归妹[①]，征凶[②]，无攸利。

彖曰：归妹，天地之大义也。天地不交，而万物不兴。归妹，人之终始也。说以动，所归妹也。征凶，位不当也。无攸利，柔乘刚也。

象曰：泽上有雷，归妹，君子以永终知敝[③]。

初九：归妹以娣[④]，跛能履，征吉。

象曰：归妹以娣，以恒也。跛能履吉，相承也。

九二：眇能视，利幽人之贞。

象曰：利幽人之贞，未变常也。

六三：归妹以须[⑤]，反归以娣。

象曰：归妹以须，未当也。

九四：归妹愆期[⑥]，迟归有时。

象曰：愆期之志，有待而行也。

六五：帝乙归妹[⑦]，其君之袂[⑧]，不如其娣之袂良，月几望，吉。

象曰：帝乙归妹，不如其娣之袂良也。其位在中，以贵行也。

上六：女承筐，无实。士刲羊[⑨]，无血。无攸利。

象曰：上六无实，承虚筐也。

【注释】

①归妹：嫁出少女。妹，古指少女。

②征：妄为。这里指行为不当。

③敝：破败。永终知敝：自始至终地铭记感情、事业破败、衰亡的因素。

④娣（dì）：古代以妹陪姊同嫁一夫，称妹为“娣”。本文意为“侧室”。

⑤须：等待，翘首盼望。

⑥愆（qiān）：耽误，超延。

⑦帝乙：商汤王。

⑧袂：衣饰，这里指嫁衣。

⑨刲（kuī）：割杀。

【释义】

婚嫁之初如果动机不纯、行为不正，以后必遭凶险、悔恨交加。例如女子被蒙蔽于表象和花言巧语而一时冲动嫁非其人，必然会赔了青春又输了人生；抑或男子娶妻只贪图外表而不察品行，贸然娶回一位无品无耻、强势败德的女子，必然会祸害三代，家无宁日。

是故婚嫁大事，最终要面对的是一生的相濡以沫。在两情相悦、一见钟情的冲动和欢喜之后，需要慎重考虑家教背景、人品操守等至关重要的人性特质。一些人格上的缺陷，凡恋爱中不能克服的，婚姻生活中一定会肆意放大。

泽上有雷，归妹。描述了夫妻之间的相处之道。泽为兑，为喜悦，为少女；雷为震，为长男，代表宽厚、保护。意为丈夫应像宽厚兄长爱护自己的小妹妹一样呵护妻子，使其快乐无忧。

初九：娶来的妻子不失为妻之道，甘愿辅佐自己的丈夫。即使力有不济，也会努力不辍。这样的家庭必能幸福圆满。

九二：娶来的妻子不失为妻之道，存在某些缺陷的丈夫，也能因她默默无闻地勉力辅佐而有所作为。

六三：后来的第三者（贱妾），忽视原配夫人的贡献和自己的劣势，妄图取代而上位。会被明理的丈夫像破鞋一样地抛弃。

九四：将要嫁出的少女，心怀矜持，延展嫁出的时日，以充分观察夫君的耐心和品行。经过磨合考验和规整，最终会喜结良缘。

六五：最为美好的女孩儿要出嫁了，她在乎的是彼此的身份品德是否合适，而不是穿衣打扮等肤浅的事情。明白月满则亏的道理，会让夫妻感情保持在将圆未满的状态。这才是最为吉祥如意的婚姻和家庭。

上六：夫妻二人都虚荣浮华，言行没诚意无底线。这样必然会凶祸连连，大难临头各自飞。

䷶ 第五十五节　丰——盛大亨通

【原文】

丰，亨。王假之①，勿忧，宜日中。

彖曰：丰，大也。明以动，故丰。王假之，尚大也。勿忧宜日中，宜照天下也。日中则昃②，月盈则食，天地盈虚，与时消息③，而况人於人乎？况於鬼神乎？

象曰：雷电皆至，丰，君子以折狱致刑。

初九：遇其配主，虽旬无咎④，往有尚⑤。

象曰：虽旬无咎，过旬灾也。

六二：丰其蔀⑥，日中见斗，往得疑疾，有孚发若，吉。

象曰：有孚发若，信以发志也。

九三：丰其沛⑦，日中见沬⑧，折其右肱，无咎。

象曰：丰其沛，不可大事也。折其右肱，终不可用也。

九四：丰其蔀，日中见斗，遇其夷主⑨，吉。

象曰：丰其蔀，位不当也。日中见斗，幽不明也。遇其夷主，吉行也。

六五：来章⑩，有庆誉，吉。

象曰：六五之吉，有庆也。

上六：丰其屋，蔀其家，窥其户，阒其无人⑪，三岁不覿⑫，凶。

象曰：丰其屋，天际翔也。窥其户，阒其无人，自藏也。

【注释】

①假（jiǎ）：通“借”，利用，凭借。

②昃（zè）：太阳偏西。

③消息：消亡与生息。

④旬：通“均”，均等。

⑤尚：被尊崇。

⑥蔀（bù）：通“蔽”。

⑦沛：通“旆（pèi）”，旌旗，幡幔。

⑧沬（mèi）：通“昧”，夜空里细碎的小星星。

⑨夷：平，平等，平均。

⑩章：章美的人才。

⑪闃（qù）：寂静无声。

⑫覿（dì）：见到，出现。

【释义】

局势盛大丰满，光明亨通，像太阳一样身正位合、光芒万丈。这正是审案用刑、明断冤狱的最佳时机。

初九：盛大丰满之时，心怀阳刚正直之意，遇到同样丰大的伙伴。大家相辅相成，可脱离丰大之初的困惑，深入合作，没有危害。有所行动也会相互尊敬重视。但这个心怀阳刚的同伴注定不会长久屈居于配角的位置。所以与之可共患难而不可共享乐。与之交往过深不懂得适时离开，会有灾祸。

六二：过于盛大丰满，以至于蒙蔽了明察时势的目光。这时行事会遭人猜疑非议。如能用至诚之心去扫除遮掩，那必然会吉祥如意。

九三：事业羽翼过于丰大，且强盛不知收敛。以至于遮挡了心中指引前进的光明，迷失了目标。这时就会像失去臂膀一样难有作为了。例如楚汉时期的韩信，能够平赵定燕，横扫北方，可谓意气风发、不可一世。待到出其不意、挥师灭齐之时，内心膨胀以至于迷失了自我，竟主动向刘邦邀功，索取齐王之封。这也为他以后的移王降侯、上当被杀埋下了伏笔。

九四：在盛大丰满的时刻被私利蒙蔽了心志。这时如能得到能力相仿者的热情协助，共同做事，也会有所收获。但这个好心人知道他属于可共苦而不可同甘的人，自知不可久留，于是抽身而去。

六五：身处盛大丰满之时，仍能保持谦逊中正。必会吸引有德贤能之士前来辅佐帮衬自己的事业。这是大有吉庆，可常葆丰盛。

上六：身处极为丰盛之时，却迷失于处盛之道。自以为聪明至极，却不能察觉自己其实有多么的昏昧无知。再想有所作为的时候，就真的无人可用了。因为德能兼备的君子，会宁愿自断背膀也不会出来跟他沆瀣一气的。可见此人的处丰之道的确是为人不齿了。

䷷ 第五十六节　旅——穷家富路

【原文】

旅，小亨，旅贞吉。

彖曰：旅，小亨，柔得中乎外而顺乎刚，止而丽乎明，是以小亨，旅贞吉也。旅之时义大矣哉！

象曰：山上有火，旅，君子以明慎用刑而不留狱。

初六：旅琐琐①，斯其所取灾。

象曰：旅琐琐，志穷灾也。

六二：旅即次②，怀其资，得童仆贞。

象曰：得童仆贞，终无尤也。

九三：旅焚其次，丧其童仆，贞厉。

象曰：旅焚其次，亦以伤矣。以旅与下，其义丧也。

九四：旅于处，得其资斧③，我心不快。

象曰：旅于处，未得位也。得其资斧，心未快也。

六五：射雉一矢亡，终以誉命。

象曰：终以誉命，上逮也。

上九：鸟焚其巢，旅人先笑，后号咷。丧牛于易④，凶。

象曰：以旅在上，其义焚也。丧牛于易，终莫之闻也。

【注释】

①琐琐：猥琐卑贱之貌。

②次：客舍，宾馆。

③资斧：利斧。此处有展现才能之意。

④易：通“埸”，田畔。

【释义】

出门在外应该中和正直，怀有光明的心态，践行阳刚中正的规则。遇事应谦逊谨慎，不可惹是生非，以防招致意外凶险。也不可热心去为人主持公道、评判是非。从大处讲，人生之路不就像一场旅行吗？人生如羁旅，游于世而寄于事。寄于事者，少则易达，专则易精；游于世者，唯从正为宜。

初六：无德无能之人，鼠目寸光，有所行动，猥琐卑鄙之形会显露无遗。即使衣着华丽、出入豪车，也难掩饰那种精神穷乏之相。出门行走也必然如老鼠过街，人人喊打。真是自招凶祸，实至名归。例如一些人，年轻力壮、四肢健全，不去找个工作自求口实，却在大街上卑躬屈膝地乞讨，必然遭人唾弃。高远之志，发乎心，形乎表，无须声张，精神财富喷薄欲出，威严自显。

六二：坚守出行之道，让出行方式切合自己做事时的体面。又可以承载必要的随从人员、行李物品等资源。这样才不会有什么过失或遗憾。例如出差办事，需要打开电脑随时办公的话，就得选住一间有网络的宾馆；出差处理重大事宜，如投标、洽谈的时候，自己要做好准备外，最好有相应的助理，他们可以协助张罗打印资料、预订餐食、预约接见等琐碎事宜。还可以让随从跟业务对方对等层级直接沟通一些具体操作的事宜。这样就能从容不迫，顺利地完成任务。

九三：出旅之时，不懂得低调。趾高气扬、耀武扬威，再借个不适合自己身份的交通工具，更是虚荣爆棚，忘乎所以。这样必然会招致嫉恨。翻车失火都不会有人前来协助。也就更别提前去约人洽谈合作了。现实生活中不乏这样的例子。例如有人打算前往洽谈一笔业务，却感到自卑不安，妄图通过伪装让自己表现得自信一些。殊不知，天下没有睁眼瞎的傻子，自己的轻浮行为必然会适得其反。

九四：到达差旅目的地，然梁园虽好，实非久恋之乡。获得一些“前言往行”的知识积累。但是身稍安不足以有所为，记问之学不足以为人师。

于是心情不甚舒畅。

六五：出门做事的时候，不可投机取巧、妄图一举两得。这样必然会偷鸡不成蚀把米。坚守中正真诚的品行，积极进取，方能名利双收。

上九：处旅之人高高在上，脱离实际，远离民众，会像鸟儿失去巢穴一样丧失安身之所。又像农夫在田间丢失了耕牛一样，不但做不成事，还要蒙受巨大的损失。

䷸ 第五十七节　巽——顺而有为

【原文】

巽[①]，小亨。利攸往，利见大人。

彖曰：重巽以申命，刚巽乎中正而志行。柔皆顺乎刚，是以小亨，利有攸往，利见大人。

象曰：随风，巽，君子以申命行事。

初六：进退，利武人之贞。

象曰：进退，志疑也。利武人之贞，志治也。

九二：巽在牀下[②]，用史巫纷若[③]，吉无咎。

象曰：纷若之吉，得中也。

九三：频巽[④]，吝。

象曰：频巽之吝，志穷也。

六四：悔亡，田[⑤]获三品。

象曰：田获三品，有功也。

九五：贞吉悔亡，无不利。无初有终，先庚三日，后庚三日，吉。

象曰：九五之吉，位正中也。

上九：巽在牀下，丧其资斧，贞凶。

象曰：巽在牀下，上穷也。丧其资斧，正乎凶也。

【注释】

①巽（xùn）：驯顺，顺从。

②牀（chuáng）：通“床”。

③纷若：盛多。

④频：通“颦”，皱眉，心有不愿之貌。

⑤田：通“畋”，打猎。

【释义】

上级领导传达命令的时候，会反复申明。以巽继巽，号令一出，则民之趋化如草之从风，可达于天下、入于细微。

初六：孔武有力，行动能力强。但思路杂乱，容易盲目行动不辩敌我。这时需要追随强健中正的大人君长才能发挥他的长处，有所作为。

九二：像信众崇敬谦恭的对待诸神那样，顺应服从来自上级尊长的指令。因自身中正没有邪念，这样做必然会吉祥有收获。

九三：自恃能力出众，瞧不起上级的指手画脚。心不甘情不愿地执行指令。违背了职业道德，偏离了服从的意义。这样下去一定会迎来教训。

六四：上级领导尚未指令，就能明确知道自己的努力方向。待到指令下达，自己已经做好了准备，顺从上级做事又能有自己的见解和创造。既能响应指令，又能及时完成任务。这样的顺从之道才叫圆满。

九五：强健君子，位中身正。发号施令无往不利。乍一令下，也会偶有不顺。但能坚持“指令前三日做好准备，指令后三日开始执行”的原则，必能使人心悦诚服，上通下达。

上九：面对尊长上级，使自己谦卑恭顺到了极点，而屈尊到别人的脚下，丧失了自己的学识理念；诚惶诚恐，忘记了自己的职责和权利。这样过于卑下的形象，一定不会有所成就，也是大家所不屑的。

䷹ 第五十八节　兑——乐而不渎

【原文】

兑[①]，亨，利贞。

彖曰：兑，说也[②]。刚中而柔外，说以利贞，是以顺乎天而应乎人。说以先民，民忘其劳；说以犯难，民忘其死。说之大，民劝矣哉！

象曰：丽泽，兑，君子以朋友讲习。

初九：和兑，吉。

象曰：和兑之吉，行未疑也。

九二：孚兑，吉，悔亡。

象曰：孚兑之吉，信志也。

六三：来兑[③]，凶。

象曰：来兑之凶，位不当也。

九四：商兑[④]，未宁，介疾有喜[⑤]。

象曰：九四之喜，有庆也。

九五：孚于剥，有厉。

象曰：孚于剥，位正当也。

上六：引兑。

象曰：上六引兑，未光也。

【注释】

①兑（duì）：通“悦”，喜悦，快乐。

②说：通“悦”。

③来兑：不顾体面，前来谋求欢乐。

④商兑：犹豫是否应该以此为乐。

⑤介：隔绝。

【释义】

志同道合的朋友互相欣赏、互通有无，彼此受益。坚守平和正气，必能百事亨通，笑口常开。

初九：君子和而不同。只要用简洁和气的心态待人接物，就能用自己的坦诚无私给彼此带来愉悦和谅解。

九二：志趣相投、坦诚相待，必然会快乐吉祥。故这时候有人会感慨：人生得此一知己，足矣。

六三：身份不对、处境不当的时候，到不恰当或不熟悉的地方去寻欢作乐。必然会寻欢不成反致羞辱、灾祸。穷生盗，奸生杀。例如有人前去去幽会有夫之妇，他就有可能招来杀身之祸。

九四：有足以使人欢乐愉悦的意愿和条件。但在自己身份、处境不甚恰当的时候，还是要保持一定的警惕。应斟酌再三，待危机完全排除、时机成熟的时候，才能与人同乐。说明有担当的君子能够辨别敌人的糖衣炮弹，不会因贪图快乐而失去原则。这是值得钦佩和庆贺的事情。先天下忧，后天下乐的思想即从此来。

九五：德高望重的大人君子，聪明睿智。可以宽厚地接纳大家带来的欢乐。即使无耻小人的巧言令色，也能照单全收。虽然看上去有危险，但他聪睿如斯，必有所备，决不会给小人以可乘之机。这是因为他在掌控全局啊！

上九：身在高位，却居心不良。妄图引诱他人以寻欢作乐。可见其道德品质已经堕落到多么晦暗不堪的程度了。长此以往，这种歪门邪道的快乐必会导致凶祸。

䷺ 第五十九节 涣——聚散有时

【原文】

涣，亨。王假有庙，利涉大川，利贞。

彖曰：涣，亨。刚来而不穷，柔得位乎外而上同。王假有庙，王乃在中也。利涉大川，乘木有功也。

象曰：风行水上，涣；先王以享于帝立庙。

初六：用拯马壮，吉。

象曰：初六之吉，顺也。

九二：涣奔其机①，悔亡。

象曰：涣奔其机，得愿也。

六三：涣其躬②，无悔。

象曰：涣其躬，志在外也。

六四：涣其群③，元吉。涣有丘④，匪夷所思⑤。

象曰：涣其群元吉，光大也。

九五：涣汗其大号，涣王居，无咎。

象曰：王居无咎，正位也。

上九：涣其血去逖出⑥，无咎。

象曰：涣其血，远害也。

【注释】

①机：通“几”，案几。这里指有所依靠、凭借之意。

②躬：自身。

③涣其群：遣散群党。

④涣有丘：遣散小团伙，反而获得了更多的拥护。

⑤匪夷所思：不是普通人所能想到、所能企及的高度。

⑥血：通“恤”，忧恤。逖：通“惕”，惕惧。

【释义】

关于国家、企业和家庭的治理，都应致力于使其成员的各得其所，齐心协力。让人人都像祭祀神灵一样的井然有序。于是乎，人心齐，泰山移，散流汇成大川，所向披靡，无往不利。

民心如水，疏导它，则可以各行其道，汇成大河，安流而下；逆止它，必然会泛滥不已，聚而危近，决而害远。所以深谙聚散之道的管理者必然会顺应民心，听其自择，不会倒行逆施背离人性，而致家国祸乱、人心涣散。

初六：人们在身居涣乱之时有马不骑，会真诚地献给上级尊长，以便他带领大家脱离困境。说明人们一直怀有憎恨涣乱、向往治世的美好愿望。

九二：正人君子会在涣散之时，迅速地脱离险境，带领大家转移到安稳的容身之所。真是不负众望。

六三：人们在涣乱之时离开自己的处所，以寻求希望中的乐土。终将没有悔恨。

六四：天下涣散之时，利益团体各有所据。有识之士毅然抛弃自身利益，解散所在的小团体，前去辅佐有德君王治理散乱。他的光大行为必然会感化众人，使得天下大众都团结在他的周围。解散小团体，反而获得更加广泛的聚合，匪夷所思——。这真不是普通人所能想到、所能企及的高度啊！

九五：在有识之士的辅佐下，有德君主顺天道应民心。号令即出，天下大治，君主臣民，各得其所。必然没有什么危害。

上九：大人君子团结民众，使其脱离既得利益的危害。但是既得利益集团的反扑也是极其危险的，所以也要慎处、远离，以防危害报复。

䷻ 第六十节　节——节以制度

【原文】

节，亨。苦节不可贞。

彖曰：节，亨。刚柔分而刚得中。苦节不可贞，其道穷也。说以行险[①]，当位以节，中正以通。天地节而四时成，节以制度，不伤财，不害民。

象曰：泽上有水，节，君子以制数度，议德行。

初九：不出户庭[②]，无咎。

象曰：不出户庭，知通塞也。

九二：不出门庭[③]，凶。

象曰：不出门庭，失时极也[④]。

六三：不节若，则嗟若[⑤]，无咎。

象曰：不节之嗟，又谁咎也。

六四：安节，亨。

象曰：安节之亨，承上道也。

九五：甘节，吉；往有尚。

象曰：甘节之吉，居位中也。

上六：苦节，贞凶，悔亡。

象曰：苦节贞凶，其道穷也。

【注释】

①说：通“悦”。

②户庭：户外的庭院。其范围指房门外、院门内的庭院区域。

③门庭：院外的场地。其范围指迎着家院门口的开阔地带。

④极：无以复加。

⑤嗟若：嗟叹，伤悔。

【释义】

有条件、有标准的节制，可致诸事亨通，进退有据。以此来治理家庭、企业和国家必可提高效率，减少浪费。

初九：学会自律不盲动。知道时机不对，外界阻塞，也就不用花费代价和精力出门招摇了。这样就可以免除危害。人们需要懂得以较低代价、把握高效时机去做事的道理。例如人们会选择在夏季的时候去北极探索，在冬季的时候去南极科考。

九二：因过分节制而闭门不出、闭关自守，必然会错过所有可能的机会。无机会可用，必然会逐步走向灭亡。

六三：做事时没有节制，放浪形骸，会导致身体透支或做事成本过高。这时如能及时叹息悔悟，则没有害处。

六四：能够响应尊长的号召而安然自觉、从容不迫地践行节制之道，则会亨通无忧。

九五：大人尊长发布规范和适度的管制标准，使人们在节制的同时感受美好和舒适。必然会上通下达，至为吉祥。

上九：不能与时俱进，抱残守缺地奉行过分的、超出常理的管制原则，致使民不聊生。这时如不及时纠正，必生凶险。但此时若知过能改，也就不会留下什么遗憾和凶祸了。

䷼ 第六十一节　中孚——唯至诚为能参赞天地之化育

【原文】

中孚①，豚鱼吉②，利涉大川，利贞。

彖曰：中孚，柔在内而刚得中。说而巽，孚乃化邦也。豚鱼吉，信及豚鱼也。利涉大川，乘木舟虚也。中孚以利贞，乃应乎天也。

象曰：泽上有风，中孚，君子以议狱缓死③。

初九：虞吉④，有他不燕⑤。

象曰：初九虞吉，志未变也。

九二：鸣鹤在阴，其子和之，我有好爵⑥，吾与尔靡之⑦。

象曰：其子和之，中心愿也。

六三：得敌，或鼓或罢⑧，或泣或歌。

象曰：或鼓或罢，位不当也。

六四：月几望，马匹亡，无咎。

象曰：马匹亡，绝类上也⑨。

九五：有孚挛如，无咎。

象曰：有孚挛如⑩，位正当也。

上九：翰音登于天⑪，贞凶。

象曰：翰音登于天，何可长也。

【注释】

①中孚：质朴无邪、发自肺腑的诚信。

②豚鱼：祭祀品。古时候的祭祀品，天子用“会”，诸侯用“太牢”，平民用“豚鱼”。

③议狱缓死：审议冤狱，宽缓死刑。

④虞：安。

⑤燕：通“宴”，安。

⑥爵：饮器。这里意为“酒”。

⑦靡：共。

⑧罢（pí）：通“疲”。

⑨类：同类，同伙。

⑩挛：连。

⑪翰音：健鸟高飞时发出的高亢之音。

【释义】

不光人前人后真诚如一，还能做到“明鬼神而敬事之”（豚鱼祭，即使祭祀已逝亲人的时候也会非常的诚恳），事死者如事生。不欺弗知（对不能知情的鬼、神也不欺瞒），至忠至信，存敬畏之心。即使在没有行人、没有摄像头的道口，也能规规矩矩地等红灯。如此必能远离灾祸、吉祥如意。

真诚是人世间最简单、最高效的处世捷径。弄虚作假只能让人暂时占得一点儿小便宜、小便利，但长久看来，必然会使他的人生、事业打上一个无法消除的折扣。

天道不容伪。芸芸众生，只有两种人：真诚的人和虚伪的人。虚伪和谎言形成的局面不过是污水吹出来的泡沫，除了败坏局面，没有任何的价值和意义。善意的谎言也是谎言。一旦发生，之后撒谎者在这个“善意的谎言”的受益者面前做事就会受到猜疑。

初九：不能因为自己心怀诚信就简单地认为其他人也会像自己这么真诚。需怀有戒备之心，不宜轻易被他人所误导。否则会带来烦恼。

九二：通过人的言谈举止、目的所向，就可以判定这个人真诚与否。一个真诚的人不用奔走呼号、不用巧言令色，静坐在家里，说出的话就能获得千里之外的响应和赞成；一个失去诚信的人纠缠在人们身边，即使喋喋不休、对天发誓也不会得到认可。可见一个人是否诚信足以决定他一生的荣辱和尊卑。

六三：正人君子本应远离是非。但由于环境所迫不免会遭遇狡猾骗子的纠缠。这时要么一鼓作气，揭穿他的把戏，一路欢歌凯旋；要么顾及各种苟且和他们在泥水里摔打缠斗，搞得声名扫地，一地鸡毛。

六四：真诚的品德广为人知，有所成绩也会推功于上级尊长，以绝朋党。以交接上下的身份，舍弃酒朋肉友，专心追随上级而为广大民众服务。

九五：真诚的品德强健运行，厚重不偏地施惠于天下万民。不分邪善，不求赞誉，不图回报。

上九：迷失了诚信之道，奔走呼号，致力于彰显自己诚信的荣光。必会快速耗尽别人对自己的信任之情。

䷽ 第六十二节　小过——君子近民

【原文】

小过[①]，亨，利贞。可小事，不可大事。飞鸟遗之音，不宜上，宜下，大吉。

彖曰：小过，小者过而亨也。过以利贞，与时行也。柔得中，是以小事吉也。刚失位而不中，是以不可大事也。有飞鸟之象焉，有飞鸟遗之音，不宜上宜下，大吉；上逆而下顺也。

象曰：山上有雷，小过，君子以行过乎恭，丧过乎哀，用过乎俭。

初六：飞鸟以凶[②]。

象曰：飞鸟以凶，不可如何也。

六二：过其祖，遇其妣[③]。不及其君，遇其臣。无咎。

象曰：不及其君，臣不可过也。

九三：弗过防之，从或戕之[④]，凶。

象曰：从或戕之，凶如何也。

九四：无咎，弗过遇之。往厉必戒[⑤]，勿用永贞。

象曰：弗过遇之，位不当也。往厉必戒，终不可长也。

六五：密云不雨，自我西郊[⑥]，公弋取彼在穴[⑦]。

象曰：密云不雨，已上也。

上六：弗遇过之，飞鸟离之[⑧]，凶，是谓灾眚。

象曰：弗遇过之，已亢也。

【注释】

①小过：阴柔过越，小事过越，小有过越。

②以：连词，递进。

③妣：祖母。

④戕（qiāng）：害。古文中“弑”多指以下犯上、卑者犯尊的杀戮；“戕”多用于强者害弱、尊者诛卑的讨伐。

⑤厉：凶险。

⑥自我西郊：冷眼旁观。

⑦弋：将细绳系在箭矢上射取猎物。在穴：隐藏在洞穴中的野兽。

⑧离：通“罹”，遭受。此处指飞鸟遭受射杀的祸患。

【释义】

虎落平阳被犬欺。本节描述一个英雄忧伤的情景。君子因时势不济而难有作为。唯有坚守本心、亲近民众，待人接物时稍过乎谦逊，有所失去时稍过乎悲痛，开销用度时稍过乎节俭。以期渡过黑夜迎来光明。但如此心态行为仅适用于如此境遇，不可践行于宏大、光辉的事业。

初六：阴险小人操纵时局，肆无忌惮为所欲为。把自己充分暴露在众人的仇恨之中，成为众矢之的，必罹身败名裂的凶险。这样的人没有教养、没有传承，一旦得势，必然底线尽失，人之恶性迅速膨胀，坏事做绝。东汉末董卓就属于这样的人。

六二：作为臣子能力过人、功高盖主且手握实权，但心存对社会伦理和人心所向的敬畏。仍能在尊长、上级面前保持应有的礼节。例如与董卓同时期的曹操。

九三：在小人未灭的时候自恃强盛而不加防备，必然会招致凶祸。东汉大将军何进，知道宦官弄权，造成前几任皇帝偏听偏信昏招迭出。于是打算把他们一网打尽永绝后患。谁知他姐姐何太后是个滥发慈悲的主，替宦官求情并保证这些货色绝对忠诚可靠。结果大将军被宦官诱杀，老好人何太后也没能因怀德于小人而幸免于难。

九四：在阴盛阳衰、小人当道的时候，自己虽然拥有一定的能力和资源，但自身所处的位置不恰当，主动招惹那些当权的小人，就会惹祸上身，招致凶险。不自量力地和当权者正面冲突，必然不会长久。

六五：能力过人、老谋深算，觊觎之心深藏。且能见利而不取、持满而不发，蕴蓄以自厚。欺世盗名，长谋窃国。《资治通鉴·魏记》中司马懿就属这样的人。

上六：欺世盗名的小人终究不能躲过正义到来时的清算。他们会像失去巢穴的鸟儿一样身罹射杀之祸。

“小过”是一个君弱臣强的无奈情景。对于原统治阶级来说，是一个君上失权、英雄失意的时代。这里通过对三国时期的一系列人物的命运的描写，来论述小人过越的内在规律。

天道有常，不为尧存不为桀亡。大自然有它强势运行的规律，国家兴衰也必有治乱盈亏的因果。

在曹魏代汉的史实中，人们只看到了献帝的懦弱，却没看到他那藏在心底的深深无奈。应该知道他的这个表面的懦弱，其实是在与臣子强盛的彼此消长中形成的。早在宦官作乱、王室逃亡之时，年幼的董侯刘协就能表现出临危不乱、威严自显王者之气。之后他在家索国衰的大势中艰难腾挪，能在曹氏父子的夹缝中得以善终，实非常人所能及，也足见他善处“小过”局势的智慧。

刘协以弱君居九三位，而曹操以强臣事之。曹丕在初六，再无君臣之义，故初六可为所欲为。而刘协善处小过，不与之争锋，故可免除咎害、全身而退。

刘协用自己的一生演绎了一个生不逢时、难酬伟志的帝王悲剧。之所以称为悲剧，是因错不在他。在于一个王朝治家治国之道的衰落。前两代君王家国治理不善的因，终究会为后代埋下灭乱的果。

同样，一个家庭、一个企业的衰落，也必然先由这个家庭、企业治理体系的错乱而起。坤卦初六曰：履霜坚冰至。臣弑其君，子弑其父，非一朝一夕之故，其所由来者渐矣。所以聪明睿智的尊长在齐家、治国、办企业的时候必能知微知彰、如万夫之望，能消除危机于未萌。

汉末桓灵二帝时期，外戚有功者即可以震主，臣子有能者不能得官，宦官能吹捧就能得势。乐毅《报燕王书》：“贤圣之君不以禄私亲，其功多者赏之，其能当处之。故察能而授官者成功之君也……”二帝所为皆背离此道，皇室、国家岂有不乱之理？

外戚之功，是因为他先有外戚这个身份和信任，才获得了立功的机会。有机会而不能立功当属犯罪，能立功才算尽职。所以立功乃其本分。至于立大功者适当封赏即可，用不着、也决不能轻易授之于权力。否则必然导致其私欲膨胀、埋下祸根。企业管理方面的道理，亦类于此。

以航海为例，封建时代的帝王相当于舵手。后宫、宦官、大臣则相当于后勤、划桨、扬帆一类的辅助岗位。

作为辅助人员，不管他的桨划得多么得力、帆扬得多么带劲，那只是他分内的职责。若因此妄图染指船舵，即属觊觎之心，若遇阳刚尊长，必招杀身灭族之祸。

权力的诱惑太大，堪比毒品。舵手的职权不能轻易让人代劳，否则之后必然造成多人共掌一舵的局面，难免触礁、倾覆。

大到国家、民族，小到企业、家庭，建设发展的时候固然需要积极作为；功成兴盛的时候更要警惕风险、居安思危，揣摩守成的道理。

䷾ 第六十三节　既济——居安思危

【原文】

既济，亨小，利贞。初吉终乱。

彖曰：既济，亨，小者亨也。利贞，刚柔正而位当也。初吉，柔得中也。终止则乱，其道穷也。

象曰：水在火上，既济，君子以思患而预防之。

初九：曳其轮，濡其尾，无咎。

象曰：曳其轮，义无咎也。

六二：妇丧其茀[①]，勿逐，七日得。

象曰：七日得，以中道也。

九三：高宗伐鬼方[②]，三年克之，小人勿用。

象曰：三年克之，惫也。

六四：繻有衣袽[③]，终日戒。

象曰：终日戒，有所疑也。

九五：东邻杀牛，不如西邻之禴祭[④]，实受其福。

象曰：东邻杀牛，不如西邻之时也；实受其福，吉大来也。

上六：濡其首，厉。

象曰：濡其首厉，何可久也。

【注释】

①茀（fú）：古代贵妇所乘车上的蔽饰。

②高宗：商朝君王武丁。

③繻（rú）：彩色丝帛。袽（rú）：败絮。

④禴（yuè）：通“礿（yuè）”，夏商时期在春天举行的一种祭祀，周代在夏天举行。

【释义】

既济，水火交融，意思是事已成。既济之难得，在于需智者谋之，义者行之，仁者守之。既济的时候隐含着未济，小的“已成”积累不足，就不能造就大的成功。

既济之时，君子小人、尊长下属各安其位。弱小阴柔者在阳刚尊长不断地小有成就之时也会吉祥有所收获。倘若不顾大局而一味地索取，则会扰乱破坏尊长成就大事的计划。

初九：“事已成”的时候适当抑止自己膨胀的欲望，可不致危害。

六二：小有所成的时候，宜保持内心的中直平静。即使私密的东西丢失或秘事外泄也不应乱了阵脚。不为外物所动，则自己可稳守胜局，觊觎、离间者会自行败乱；若为外物所动，则觊觎离间者就能浑水摸鱼、获得机会。

九三：太平盛世的时候，居位适当而又能力过人，有震主之威。于是尊长领导必生疑虑，会责令其远征谋事，恨不得越远越好、越久越好。这时候不应与阴柔小人共事，以防离间之祸。

六四：安享太平的时候应该未雨绸缪，做好应对意外凶险的准备。

九五：太平盛世以守成为务，蠢蠢欲动则不会有安守平和的福分。遇到阴柔小人在不该献飨的时候突然大献殷勤，必有非分之求。中正诚直、按部就班地“明鬼神而敬事之”，就可以长保福祉。

上六：守成的时候居位不当，不能摆正心态，为了固守那点儿既得利益，把自己搞得灰头土脸。那么离失去这一切的日子也就不了。

䷿ 第六十四节　未济——蓄势而发

【原文】

未济，亨。小狐汔济[①]，濡其尾，无攸利。

彖曰：未济，亨，柔得中也。小狐汔济，未出中也。濡其尾，无攸利，不续终也。虽不当位，刚柔应也。

象曰：火在水上，未济，君子以慎辨物居方[②]。

初六：濡其尾，吝。

象曰：濡其尾，亦不知极也[③]。

九二：曳其轮，贞吉。

象曰：九二贞吉，中以行正也。

六三：未济，征凶[④]，利涉大川。

象曰：未济征凶，位不当也。

九四：贞吉，悔亡。震用伐鬼方，三年有赏于大国。

象曰：贞吉悔亡，志行也。

六五：贞吉，无悔。君子之光，有孚，吉。

象曰：君子之光，其晖吉也[⑤]。

上九：有孚于饮酒，无咎。濡其首，有孚失是。

象曰：饮酒濡首，亦不知节也。

【注释】

①汔（qí）：接近。

②方：所。

③极：通“栋”，中。这里有“谨慎持中”之意。

④征：进取。

⑤晖：光辉。

【释义】

事未成，说明事已在而待成。未济的意境里蕴含着既济的愿望。不是不济，而是蓄积力量，拟毕其功于一役，则必克大难。大难既平，则小者皆可随之获利。所以未济之时，作为新手、下级，不应轻举妄动。

初六：未济之时，力有不逮，且时机仍不成熟，为了达到目的而贸然行动。会有遗憾。就像小狐在水未尽涸的时候而勉强跨越，致使蓬松美观的尾毛被水打湿，造成既丑又脏的样子。

九二：事未成的时候，应积极进取，审慎观察，保持中正不偏激的心态，并适当抑止来自内心的冲动。

六三：之前准备工作还不足以一举成功，必须耐心等待。这时候贸然行动必然功败垂成，造成重大损失。就如苏轼所说："见易而轻犯之，遇难而退，虽有智者不能善其后。"

九四：位高权重，能力过人，虽怀君子之正气，但难免会有震主之威。这时自告奋勇外出征伐而用威于敌，即可获得上级尊长的信任。长期征伐，获得建侯立庙的赏赐。这正是在践行致力于既济的志向。

六五：以信实怀德的光辉形象，居中持正。号召大家齐心协力，以达既济。必然光辉吉祥。

上九：万事具备，只需逍遥饮酒，以待时机到来，并无危害。但若忘乎所以、不知节制，导致饮酒误事，错过完成任务的关键时机，必然会辜负了领导的信任，领导的信任，颜面扫地。

（终）

附录一　系辞上传

第一章

天尊地卑，乾坤定矣。卑高以陈，贵贱位矣。动静有常，刚柔断矣。方以类聚，物以群分，吉凶生矣。在天成象，在地成形，变化见矣。

鼓之以雷霆，润之以风雨，日月运行，一寒一暑，乾道成男，坤道成女。

乾知大始，坤作成物。乾以易知，坤以简能。

易则易知，简则易从。易知则有亲，易从则有功。有亲则可久，有功则可大。可久则贤人之德，可大则贤人之业。

易简，而天下矣之理得矣；天下之理得，而成位乎其中矣。

第二章

圣人设卦观象，系辞焉而明吉凶，刚柔相推而生变化。

是故吉凶者，失得之象也。悔吝者忧虞之象也。变化者进退之象也。刚柔者昼夜之象也。六爻之动，三极之道也。

是故君子所居而安者，易之序也。所乐而玩者，爻之辞也。是故君子居则观其象，而玩其辞；动则观其变，而玩其占。是故自天佑之，吉无不利。

第三章

彖者言乎象也。爻者言乎变者也。吉凶者言乎其失得也。悔吝者言乎其小疵也。无咎者，善补过也。

是故列贵贱者存乎位。齐小大者存乎卦。辩吉凶者存乎辞。忧悔吝者存乎介，震无咎者存乎悔。是故卦有小大，辞有险易。辞也者，各指其所之。

第四章

易与天地准，故能弥纶天地之道。

仰以观於天文，俯以察於地理，是故知幽明之故。原始反终，故知死生之说。精气为物，游魂为变，是故知鬼神之情状。

与天地相似故不违。知周乎万物而道济天下，故不过。旁行而不流，乐天知命，故不忧。安土敦乎仁，故能爱。

范围天地之化而不过，曲成万物而不遗，通乎昼夜之道而知，故神无方而易无体。

第五章

一阴一阳之谓道，继之者善也，成之者性也。仁者见之谓之仁，知者见之谓之知，百姓日用不知；故君子之道鲜矣。

显诸仁藏诸用，鼓万物而不与圣人同忧，盛德大业至矣哉。

富有之谓大业，日新之谓盛德。生生之谓易，成象之谓乾，效法之谓坤，极数知来之谓占，通变之谓事，阴阳不测之谓神。

第六章

夫易，广矣大矣。以言乎远，则不御；以言乎迩，则静而正；以言乎天地之间则备矣。夫乾，其静也专，其动也直，是以大生焉。夫坤，其静也翕，其动也辟，是以广生焉。

第七章

子曰：易其至矣乎。夫易，圣人所以崇德而广业也。知崇礼卑，崇效天，卑法地，天地设位，而易行乎其中矣。成性存存，道义之门。

第八章

圣人有以见天下之赜，而拟诸其形容，象其物宜，是故谓之象。圣人有以见天下之动，而观其会通，以行其典礼。系辞焉以断其吉凶，是故谓之爻。

言天下之至赜而不可恶也。言天下之至动而不可乱也。拟之而后言，议之而后动，拟议以成其变化。

鸣鹤在阴，其子和之，我有好爵，吾与尔靡之。子曰：君子居其室，出其言善则千里之外应之，况其迩者乎？居其室，出其言不善，则千里之外违之，况其迩者乎？言出乎身加乎民；行发迩见乎远。言行，君子之枢机，枢机之发，荣辱之主也。言行，君子之所以动天地也，可不慎乎？

同人，先号啕而后笑。子曰：君子之道，或出或处，或默或语，二人同心，其利断金；同心之言，其臭如兰。

初六，藉用白茅，无咎。子曰：苟错诸地而可矣，藉用白茅，何咎之有？慎之至也。夫茅之为物薄，而用可重也。慎斯术也以往，其无所失矣。

劳谦，君子有终，吉。子曰：劳而不伐，有功而不德，厚之至也。语以其功下人者也。德言盛，礼言恭。谦也者，致恭以存其位者也。亢龙有悔。子曰：贵而无位，高而无民，贤人在下位而无辅，是以动而有悔也。不出户庭，无咎。子曰：乱之所生也，则言语以为阶。君不密，则失臣，臣不密，则失身，几事不密，则害成。是以君子慎密而不出也。

子曰：作易者其知盗乎？易曰：负且乘，致寇至。负也者，小人之事也。乘也者，君子之器也。小人而乘君子之器，盗思夺之矣。上慢下暴，盗思伐之矣。慢藏诲盗，冶容诲淫。易曰：负且乘，致寇至，盗之招也。

第九章

天一地二，天三地四，天五地六，天七地八，天九地十。天数五，地数五，五位相得而各有合。天数二十有五，地数三十，凡天地之数，五十有五，此所以成变化而行鬼神也。

大衍之数五十，其用四十有九。分而为二以象两，挂一以象三，揲之以四以象四时，归奇於扐以象闰，五岁再闰，故再扐而后挂。

乾之策二百一十有六。坤之策百四十有四。凡三百有六十，当期之日。二篇之策万有一千五百二十，当万物之数也。

是故，四营而成易，十有八变而成卦，八卦而小成。引而伸之，触类而长之，天下之能事毕矣。

显道神德行，是故可与酬酢，可与佑神矣。子曰：知变化之道者，其知神之所为乎？

第十章

易有圣人之道四焉：以言者尚其辞，以动者尚其变，以制器者尚其象，以卜筮者尚其占。

是以君子将有为也，将有行也，问焉而以言，其受命也如响。无有远近幽深，遂知来物。非天下之至精，其孰能与於此？

参伍以变，错综其数，通其变，遂成天地之文。极其数，遂定天下之象。非天下之至变，其孰能与於此？

易无思也，无为也。寂然不动，感而遂通天下之故。非天下之至神，其孰能与於此？

夫易，圣人之所以极深而研几也。唯深也，故能通天下之志。唯几也，故能成天下之务。惟神也，故不疾而速不行而至。子曰：易有圣人之道四焉者，此之谓也。

第十一章

子曰：夫易何为者也？夫易开物成务，冒天下之道，如斯而已者也。是故圣人以通天下之志，以定天下之业，以断天下之疑。

是故蓍之德圆而神，卦之德方以知，六爻之义易以贡。圣人以此洗心，退藏於密，吉凶与民同患。神以知来，知以藏往。其孰能与於此哉？古之聪明睿知神武而不杀者夫！

是以明於天之道，而察於民之故，是兴神物，以前民用。圣人以此斋戒，以神明其德夫。

是故阖户谓之坤，辟户谓之乾，一阖一辟谓之变。往来不穷谓之通。见乃谓之象，形乃谓之器，制而用之谓之法。利用出入，民咸用之谓之神。

是故易有太极，是生两仪，两仪生四象，四象生八卦，八卦定吉凶，吉凶生大业。

是故法象莫大乎天地，变通莫大乎四时，县象著明莫大乎日月，崇高莫大乎富贵。备物致用，立成器以为天下利，莫大乎圣人。探赜索隐，钩深致远，以定天下之吉凶，成天下之亹亹者，莫大乎蓍龟。

是故天生神物，圣人则之。天地变化，圣人效之。天垂象，见吉凶，圣人象之。河出图，洛出书，圣人则之。易有四象，所以示也。系辞焉，所以告也。定之以吉凶，所以断也。

第十二章

易曰：自天佑之，吉无不利。子曰：佑者助也。天之所助者，顺也。

人之所助者，信也。履信思乎顺，又以尚贤也。是以自天佑之，吉无不利也。

子曰：书不尽言，言不尽意。然则圣人之意，其不可见乎？子曰：圣人立象以尽意，设卦以尽情伪，系辞焉以尽其言，变而通之以尽利，鼓之舞之以尽神。

乾坤其易之蕴邪？乾坤成列，而易立乎其中矣。乾坤毁，则无以见易；易不可见，则乾坤或几乎息矣。

是故形而上者谓之道，形而下者谓之器，化而裁之谓之变，推而行之谓之通，举而错之天下之民，谓之事业。

是故夫象，圣人有以见天下之赜，而拟诸其形容，象其物宜，是故谓之象。圣人有以见天下之动，而观其会通，以行其典礼，系辞焉，以断其吉凶，是故谓之爻。极天下之赜者存乎卦。鼓天下之动者存乎辞。化而裁之存乎变。推而行之存乎通。神而明之，存乎其人。默而成之，不言而信，存乎德行。

附录二　系辞下传

第一章

八卦成列，象在其中矣。因而重之，爻在其中矣。刚柔相推，变在其中矣。系辞焉而命之，动在其中矣。

吉凶悔吝者，生乎动者也。刚柔者，立本者也。变通者，趣时者也。吉凶者，贞胜者也。天地之道，贞观者也。日月之道，贞明者也。天下之动，贞夫一者也。

夫乾，确然示人易矣。夫坤，聩然示人简矣。爻也者，效此者也。象也者，像此者也。爻象动乎内，吉凶见乎外，功业见乎变，圣人之情见乎辞。

天地之大德曰生，圣人之大宝曰位。何以守位？曰仁。何以聚人？曰财。

理财正辞，禁民为非曰义。

第二章

古者包羲氏之王天下也，仰则观象於天，俯则观法於地，观鸟兽之文，与地之宜，近取诸身，远取诸物，於是始作八卦，以通神明之德，以类万物之情。

作结绳而为网罟，以佃以渔，盖取诸离。包羲氏没，神农氏作，斫木为耜，揉木为耒，耒耨之利，以教天下，盖取诸益。日中为市，致天下之民，聚天下之货，交易而退，各得其所，盖取诸噬嗑。神农氏没，黄帝、尧、舜氏作，通其变，使民不倦，神而化之，使民宜之。易穷则变，变则通，通则久。是以自天佑之，吉无不利，黄帝、尧、舜，垂衣裳而天下治，盖取诸乾坤。

刳木为舟，剡木为楫，舟楫之利，以济不通，致远以利天下，盖取诸涣。服牛乘马，引重致远，以利天下，盖取诸随。重门击柝，以待暴客，盖取诸豫。断木为杵，掘地为臼，杵臼之利，万民以济，盖取诸小过。弦木为弧，剡木为矢，弧矢之利，以威天下，盖取诸睽。上古穴居而野处，后世圣人易之以宫室，上栋下宇，以待风雨，盖取诸大壮。古之葬者，厚衣之以薪，葬之中野，不封不树，丧期无数，后世圣人易之以棺椁，盖取诸大过。上古结绳而治，后世圣人易之以书契，百官以治，万民以察，盖取诸夬。

第三章

是故易者象也。象也者，像也。彖者材也。爻也者，效天下之动也。是故吉凶生，而悔吝著也。

第四章

阳卦多阴，阴卦多阳，其故何也？阳卦奇，阴卦耦。其德行何也？阳一君而二民，君子之道也。阴二君而一民，小人之道也。

第五章

易曰：憧憧往来，朋从尔思。子曰：天下何思何虑？天下同归而殊途，一致而百虑，天下何思何虑？日往则月来，月往则日来，日月相推而明生焉。寒往则暑来，暑往则寒来，寒暑相推而岁成焉。往者屈也，来者信也，屈信相感而利生焉。

尺蠖之屈，以求信也。龙蛇之蛰，以存身也。精义入神，以致用也。利用安身，以崇德也。过此以往，未之或知也。穷神知化，德之盛也。易曰：困于石，据于蒺藜，入于其宫，不见其妻，凶。子曰：非所困而困焉，名必辱。非所据而据焉，身必危。既辱且危，死期将至，妻其可得见邪？易曰：公用射隼于高墉之上，获之无不利。

子曰：隼者，禽也，弓矢者，器也，射之者，人也。君子藏器於身，待时而动，何不利之有？动而不括，是以出而不获。语成器而动者也。

子曰：小人不耻不仁，不畏不义，不见利而不劝，不威不惩，小惩而大诫，此小人之福也。易曰：履校灭趾，无咎。此之谓也。善不积不足以成名，恶不积不足以灭身。小人以小善为无益而弗为也，故恶积而不可掩，罪大而不可解。易曰：履校灭耳，凶。

子曰：危者，安其位者也；亡者，保其存者也；乱者，有其治者也。是故君子安而不忘危，存而不忘亡，治而不忘乱。是以身安而国家可保也。易曰：其亡其亡，系于苞桑。

子曰：德薄而位尊，知小而谋大，力少而任重，鲜不及矣。易曰：鼎折足，覆公餗，其形渥，凶。言不胜其任也。

子曰：知几其神乎？君子上交不谄，下交不渎，其知几乎？几者，动之微，吉之先见者也。君子见几而作，不俟终日。易曰：介于石，不终日，贞吉。介如石焉，宁用终日，断可识焉！君子知微知彰，知柔知刚，万夫之望。

子曰：颜氏之子，其殆庶几乎？有不善未尝不知。知之，未尝复行也。易曰：不远复，无祇悔，元吉。天地絪缊，万物化醇。男女构精，万物化生。易曰：三人行，则损一人；一人行，则得其友。言致一也。

子曰：君子安其身而后动，易其心而后语，定其交而后求。君子修此三者，故全也。危以动，则民不与也。惧以语，则民不应也。无交而求，则民不与也。莫之与，则伤之者至矣。易曰：莫益之，或击之，立心勿恒，凶。

第六章

子曰：乾坤，其易之门邪？乾阳物也，坤阴物也。阴阳合德而刚柔有体，以体天地之撰，以通神明之德。其称名也杂而不越。於稽其类，其衰世之意邪？

子曰：夫易，彰往而察来，而微显阐幽，开而当名，辨物正言，断辞则备矣。其称名也小，其取类也大，其旨远，其辞文，其言曲而中，其事肆而隐，因贰以济民行，以明失得之报。

第七章

易之兴也，其於中古乎？作易者其有忧患乎？是故，履，德之基也。谦，德之柄也。复，德之本也。恒，德之固也。损，德之修也。益，德之裕也。困，德之辨也。井，德之地也。巽，德之制也。

履和而至，谦尊而光，复小而辨於物。恒杂而不厌，损先难而后易，益长裕而不设，困穷而通，井居其所而迁，巽称而隐。

履以和行，谦以制礼，复以自知，恒以一德，损以远害，益以兴利，困以寡怨，井以辨义，巽以行权。

第八章

易之为书也不可远，为道也屡迁。变动不居，周流六虚。上下无常，刚柔相易，不可为典要，唯变所适。

其出入以度，外内使知惧。又明於忧患与故，无有师保，如临父母。初率其辞，而揆其方，既有典常。苟非其人，道不虚行。

第九章

易之为书也，原始要终，以为质也。六爻相杂，唯其时物也。其初难知，其上易知，本末也。初辞拟之，卒成之终。若夫杂物撰德，辨是与非，则非其中爻不备。噫！亦要存亡吉凶，则居可知矣。知者观其彖辞，则思过半矣。

二与四同功而异位，其善不同。二多誉，四多惧，近也。柔之为道，不利远者，其要无咎，其用柔中也。三与五，同功而异位。三多凶，五多功，贵贱之等也。其柔危，其刚胜邪？

第十章

易之为书也，广大悉备。有天道焉，有人道焉，有地道焉。兼三才而两之，故六；六者非它也，三才之道也。道有变动，故曰爻。爻有等，故曰物。物相杂，故曰文。文不当，故吉凶生焉。

第十一章

易之兴也，其当殷之末世，周之盛德邪？当文王与纣之事邪？是故其辞危。危者使平，易者使倾，其道甚大，百物不废。惧以终始，其要无咎，此之谓易之道也。

第十二章

夫乾，天下之至健也，德行恒易以知险。夫坤，天下之至顺也，德行恒简以知阻。能说诸心，能研诸侯之虑，定天下之吉凶，成天下之亹亹者。是故变化云为，吉事有祥，象事知器，占事知来。天地设位，圣人成能，人谋鬼谋，百姓与能。

八卦以象告，爻彖以情言。刚柔杂居，而吉凶可见矣。变动以利言，吉凶以情迁。是故爱恶相攻而吉凶生。远近相取而悔吝生。情伪相感而利害生。凡易之情，近而不相得则凶。或害之，悔且吝。

将叛者其辞惭，中心疑者其辞枝，吉人之辞寡，躁人之辞多，诬善之人其辞游，失其守者其辞屈。

附录三　说卦传

第一章

昔者圣人之作易也，幽赞于神明而生蓍，参天两地而倚数，观变于阴阳而立卦，发挥于刚柔而生爻，和顺于道德而理于义，穷理尽性，以至于命。

第二章

昔者圣人之作易也，将以顺性命之理。是以立天之道曰阴与阳。立地之道曰柔与刚。立人之道曰仁与义。兼三才而两之，故易六画而成卦。分阴分阳，迭用柔刚，故易六位而成章。

第三章

天地定位，山泽通气，雷风相薄，水火不相射，八卦相错。数往者顺，知来者逆，是故易逆数也。

第四章

雷以动之，风以散之，雨以润之，日以烜之，艮以止之，兑以说之，乾以君之，坤以藏之。

第五章

帝出乎震，齐乎巽，相见乎离，致役乎坤。说言乎兑，战乎乾，劳乎坎，成言乎艮。万物出乎震，震，东方也。齐乎巽，巽，东南也。齐也者，言万物之絜齐也。离也者，明也。万物皆相见，南方之卦也。圣人南面而听天下，向明而治，盖取诸此也。坤也者，地也，万物皆致养焉，故曰致役乎坤。兑正秋也，万物之所说也，故曰说言乎兑。战乎乾。乾，西北之卦也，言阴阳相薄也。坎者，水也，正北方之卦也，劳卦也，万物之所归也，故曰劳乎坎。艮，东北之卦也，万物之所成终而所成始也，故曰成言乎艮。

第六章

神也者，妙万物而为言者也。动万物者，莫疾乎雷。桡万物者，莫疾乎风。燥万物者，莫熯乎火。说万物者，莫说乎泽。润万物者，莫润乎水。终万物、始万物者，莫盛乎艮。故水火相逮，雷风不相悖，山泽通气，然后能变化，既成万物也。

第七章

乾，健也。坤，顺也。震，动也。巽，入也。坎，陷也。离，丽也。艮，止也。兑，说也。

第八章

乾为马。坤为牛。震为龙。巽为鸡。坎为豕。离为雉。艮为狗。兑为羊。

第九章

乾为首。坤为腹。震为足。巽为股。坎为耳。离为目。艮为手。兑为口。

第十章

乾，天也，故称乎父。坤，地也，故称乎母。震一索而得男，故谓之长男。巽一索而得女，故谓之长女。坎再索而得男，故谓之中男。离再索而得女，故谓之中女。艮三索而得男，故谓之少男。兑三索而得女，故谓之少女。

第十一章

乾为天，为圜，为君，为父，为玉，为金，为寒，为冰，为大赤，为良马，为瘠马，为驳马，为木果。

坤为地，为母，为布，为釜，为吝啬，为均，为子母牛，为大舆，为文，为众，为柄，其于地也为黑。

震为雷，为龙，为玄黄，为旉，为大涂，为长子，为决躁，为苍筤竹，为萑苇。其于马也，为善鸣，为馵足，为的颡。其于稼也，为反生。其究为健，为蕃鲜。

巽为木，为风，为长女，为绳直，为工，为白，为长，为高，为进退，为不果，为臭。其于人也，为寡发，为广颡，为多白眼，为近利市三倍。其究为躁卦。

坎为水，为沟渎，为隐伏，为矫輮，为弓轮。其于人也，为加忧，为心病，为耳痛，为血卦，为赤。其于马也，为美脊，为亟心，为下首，为薄蹄，为曳。其于舆也，为多眚。为通，为月，为盗。其于木也，为坚多心。

离为火，为日，为电，为中女，为甲胄，为戈兵。其于人也，为大腹，为乾卦。为鳖，为蟹，为蠃，为蚌，为龟。其于木也，为科上槁。

艮为山，为径路，为小石，为门阙，为果蓏，为阍寺，为指，为狗，为鼠，为黔喙之属。其于木也，为坚多节。

兑为泽，为少女，为巫，为口舌，为毁折，为附决。其于地也，为刚卤。为妾，为羊。

附录四　序卦传

【上篇】

有天地，然后万物生焉。盈天地之间者唯万物，故受之以《屯》。《屯》者，盈也，物之始生也。物生必蒙，故受之以《蒙》。《蒙》者，蒙也，物之稚也。物稚不可不养也，故受之以《需》。《需》者，饮食之道也。饮食必有讼，故受之以《讼》。讼必有众起，故受之以《师》。《师》者，众也。众必有所比，故受之以《比》。《比》者，比也。比必有所畜，故受之以《小畜》。物畜然后有礼，故受之以《履》。履而泰，然后安，故受之以《泰》。《泰》者，通也。物不可以终通，故受之以《否》。物不可以终否，故受之以《同人》。与人同者物必归焉，故受之以《大有》。有大者不可以盈，故受之以《谦》。有大而能谦必豫，故受之以《豫》。豫必有随，故受之以《随》。以喜随人者必有事，故受之以《蛊》。《蛊》者，事也。有事而后可大，故受之以《临》。《临》者，大也。物大然后可观，故受之以《观》。可观而后有所合，故受之以《噬嗑》。嗑者，合也。物不可苟合而已，故受之以《贲》。《贲》者，饰也。致饰然后亨则尽矣，故受之以《剥》。《剥》者，剥也。物不可以终尽，剥穷上反下，故受之以《复》。复则不妄矣，故受之以《无妄》。有无妄然后可畜，故受之以《大畜》。物畜然后可养，故受之以《颐》。《颐》者，养也。不养则不可动，故受之以《大过》。物不可以终过，故受之以《坎》。《坎》者，陷也。陷必有所丽，故受之以《离》。《离》者，丽也。

【下篇】

有天地，然后有万物。有万物，然后有男女。有男女，然后有夫妇。有夫妇，然后有父子。有父子，然后有君臣。有君臣，然后有上下。有上下然后礼义有所错。夫妇之道，不可以不久也，故受之以《恒》。《恒》者，久也。物不可以久居其所，故受之以《遁》。《遁》者，退也。物不可以终遁，故受之以《大壮》。物不可以终壮，故受之以《晋》。《晋》者，进也。晋必有所伤，故受之以《明夷》。夷者，伤也。伤于外者必反其家，故受之以《家人》。家道穷必乖，故受之以《睽》。《睽》者，乖也。乖必有难，故受之以《蹇》。《蹇》者，难也。物不可以终难，故受之以《解》。《解》者，缓也。缓必有所失，故受之以《损》。损而不已必益，故受之以《益》。益而不已必决，故受之以《夬》。《夬》者，决也。决必有所遇，故受之以《姤》。《姤》者，遇也。物相遇而后聚，故受之以《萃》。《萃》者，聚也。聚而上者谓之升，故受之以《升》。升而不已必困，故受之以《困》。困乎上者必反下，故受之以《井》。井道不可不革，故受之以《革》。革物者莫若鼎，故受之以《鼎》。主器者莫若长子，故受之以《震》。《震》者，动也。物不可以终动，止之，故受之以《艮》。《艮》者，止也。物不可以终止，故受之以《渐》。《渐》者，进也。进必有所归，故受之以《归妹》。得其所归者必大，故受之以《丰》。《丰》者，大也。穷大者必失其所居，故受之以《旅》。旅而无所容，故受之以《巽》。《巽》者，入也。入而后说之，故受之以《兑》。《兑》者，说也。说而后散之，故受之以《涣》。《涣》者，离也。物不可以终离，故受之以《节》。节而信之，故受之以《中孚》。有信者必行之，故受之以《小过》。有过物者必济，故受之以《既济》。物不可穷也，故受之以《未济》终焉。

附录五　杂卦传

《乾》刚《坤》柔，《比》乐《师》忧。《临》《观》之义，或与或求。《屯》见而不失其居，《蒙》杂而著。《震》，起也。《艮》，止也。《损》《益》盛衰之始也。《大畜》时也。《无妄》灾也。《萃》聚而《升》不来也。《谦》轻而《豫》怠也。《噬嗑》食也，《贲》无色也。《兑》见而《巽》伏也。

《随》无故也，《蛊》则饬也。《剥》烂也，《复》反也。《晋》昼也。《明夷》诛也。《井》通而《困》相遇也。《咸》速也。《恒》久也。《涣》离也。《节》止也。《解》缓也。《蹇》难也。《睽》外也。《家人》内也。《否》《泰》反其类也。《大壮》则止，《遁》则退也。《大有》众也。《同人》亲也。《革》去故也。《鼎》取新也。《小过》过也。《中孚》信也。《丰》多故也。亲寡《旅》也。《离》上而《坎》下也。《小畜》寡也。《履》不处也。《需》不进也。《讼》不亲也。《大过》颠也。《姤》遇也，柔遇刚也，《渐》女归待男行也。《颐》养正也。《既济》定也。《归妹》女之终也。《未济》男之穷也。《夬》决也，刚决柔也，君子道长，小人道忧也。

附录六　读易简例（张善文著）

研读《周易》，不但有“文字”障碍，还有令人头痛的“卦象”障碍。因为《周易》卦爻辞文字是与卦象符号相配合以说明卦爻寓意的，所以不明白卦象就无从读懂卦辞、爻辞。而六十四卦的卦象，又紧密依联于各卦、各爻间错综复杂的变化关系，此中包含着种种有规律性的条例或法则。因此，掌握基本的易学条例，是阅读《周易》的一个必要前提。

下面，选择十则重要的易例作一些简单分析。

一、阴阳

在《周易》的卦形符号体系中，“阳”用“—”表示，“阴”用“--”表示。八卦、六十四卦就是以这两种一连一断的符号重叠组合而成的。《周易》六十四卦共有三百八十四爻，其中阳爻一百九十二，阴爻一百九十二，分别喻示自然界或人类社会中的一切“刚”“柔”物象，体现事物运动变化的发展情状。

《系辞上传》以“一阴一阳之谓道”精炼地概括易理本质，《庄子·天下篇》也称“《易》以道阴阳”，均是可取的论断。可以说，《周易》的阴阳大义，是通过特殊的象征，说明事物在对立统一规律中发展的哲学原理。朱熹说："天地之间，无往而非阴阳；一动一静，一语一默，皆是阴阳之理。"（《朱子语类》）这句话，正可作为《周易》"阴阳"喻象贯穿六十四卦的注脚。

二、卦时

《周易》六十四卦，每卦各自象征某一事物、现象在特定背景中产生、变化、发展的规律。伴随着卦义而存在的这种"特定背景"，《易》例称为"卦时"。

六十四卦表示六十四"时"，也就塑造出六十四种特定背景，从不同角度喻示自然界、人类社会中某些具有典型意义的事理。例如《泰》卦象征"通泰"之时的事理，《讼》卦象征"争讼"之时的事理，《未济》卦象征"事未成"之时的事理，余可类推。每卦六爻的变化情状，均规限在特定的"时"中，反映事物发展到某一阶段的规律。因此，阅读六十四卦，不能不把握"卦时"这一概念。

三、二体

六十四卦既由八卦相重而成，故每卦中均包含着两个八卦符号，凡居下者称"下卦"（又称"内卦"，《左传》称"贞卦"），凡居上者称"上卦"（又称"外卦"，《左传》称 "悔卦"。上下卦合称"二体"，或"上下体"。

上下二体可以象征事物发展的两个阶段，下卦为"小成"阶段，上卦为"大成"阶段。又可象征事物所处的地位高低，或所居地域的内外、远近等。

四、爻位

六十四卦每卦各有六爻，分处六级高低不同的等次，象征事物发展过程中所处的或上或下、或贵或贱的地位、条件、身份等。六爻分处的六个等级，称为"爻位"。

六级爻位的排列，由下至上依次递进，名曰：初、二、三、四、五、上。这是表明事物的生长规律，往往体现着从低级向高级的渐次进展。各爻位的基本特点，大略可以概括为："初"位象征事物的发端萌芽，义主

“潜藏勿用”；“二”位象征崭露头角，义主适当进取；“三”位象征事物功业小成，义主慎行防凶；“四”位象征事物新进高层，义主警惧审时；“五”位象征事物圆满成功，义主处盛戒盈；“上”位象征事物发展终尽，义主穷极必反。当然，这只是括其大要，在各卦各爻的具体环境中，由于种种因素的作用，诸爻又有交复错杂的变化。旧说或有拟取人的社会地位譬喻爻位的，如认为“初”代表“士民”，“二”代表“卿大夫”，“三”代表“侯”，“四”代表“公”，“五”代表“天子”，“上”代表“太上皇”。这种譬喻，也反映出爻位的等级特点，可以备为参考。

五、三才

我们已经知道，八卦符号各由三画线条组成。古人认为，八卦三画线条的下画象征“地”，中画象征“人”，上画象征“天”；合“天”“地”、“人”而言，谓之“三才”。由八卦重成的六十四卦，各具六爻，若把六爻位序两两并列，也体现着三级层次，所以古人又认为初、二两爻象征“地”，三四两爻象征“人”，五上两爻象征“天”，三者亦合称“三才”。《系辞下传》所谓“六者非他也，三才之道也”；《说卦传》所谓“兼三才而两之，故《易》六画而成卦”，正是揭明“六爻”配“三才”的条例。这一条例，是从另一种角度观察爻位，也可以表明六爻的高低等级区别。

六、当位、不当位

六爻位次，有奇、耦位之分：初、三、五为奇位，亦为“阳”位；二、四、上为耦位，亦称“阴位”。六十四卦三百八十四爻，凡阳爻居阳位，阴爻居阴位，均称“当位”（亦称“得正”“得位”）；凡阳爻居阴位，阴爻居阳位，均称“不当位”（亦称“失正”“失位”）。

“当位”之爻，象征事物发展遵循“正道”、符合规律；“不当位”之爻，象征背逆“正道”、违反规律。但当位、不当位亦非诸爻吉凶利弊的绝对标准，在各卦各爻所处的复杂条件、因素的影响下，得正之爻有转向不正的可能，不正之爻也有转化成正的可能。所以，爻辞中常常有警醒“当位”者守正防凶之例，以及诫勉“不当位”者趋正求吉之例。

七、中

六爻所居位次，第二爻在下卦三爻的中位，第五爻在上卦三爻的中位，这两者象征事物守持中道、行为不偏，《易》例称“中”。

凡是阳爻居中位，象征“刚中”之德；阴爻居中位，象征“柔中”之德。如果阴爻处二位（阴位），阳爻处五位（阳位），则是既“中”且“正”，称为“中正”，这在《易》爻中是最具美善的象征。《周易》强调“中”的思想，与先秦儒家所极力崇尚的“中庸”之道，正相吻合。

八、承、乘、比、应

在《易》卦六爻的相互关系中，由于诸爻的位次、性质、远近距离等因素，常常反映出承、乘、比、应的复杂现象。

凡下爻紧靠上爻叫作“承”，就是下承上的意思。《易》例侧重揭示阴爻上承阳爻的意义，即象征卑微、柔弱者顺承尊高、刚强者，求获援助；此时爻义必须视具体情况而定，大略以阴阳“当位”之爻相承为吉，“不当位”的相承多凶。

凡上爻高凌下爻叫作“乘”，就是以上凌下的意思。《易》例以阴爻乘阳爻为“乘刚”，象征柔弱者乘凌强者、“小人”乘凌“君子”，爻义多不吉善。但阳爻居阴爻之上则不言“乘”，认为是理之所常。由此可以看出《周易》“扶阳抑阴”的思想。

凡六爻之间逐爻相连并列者叫作“比”，就是两相比邻的意思。例如初与二比，二与三比，三与四比，四与五比，五与上比即是。两爻相比之际，也体现着“承”“乘”现象。例如，初六与九二相比，则初以阴承阳；九二与六三相比，则三以柔乘刚。爻位互比的关系，象征事物处在相邻环境时的作用与反作用，往往在其他因素的交互配合下影响爻义的吉凶。

凡六爻之间处在下卦的三爻与处在上卦的三爻皆两两交感的对应，叫作“应”爻。具体地说，就是初爻与四爻交应，二爻与五爻交应，三爻与上爻交应。对应之爻一阴一阳的，可以两相交感，称为“有应”；如果两者俱为阴爻，或俱为阳爻，必不能交感，称为“无应”。这种“有应”“无应”之例，与现代物理学中“同性相排斥，异性相吸引”的法则十分类似。

爻位对应的关系，象征事物矛盾、对立面存在着谐和、统一的运动规律。

要是我们每个人都注意观察自身在社会生活中的各种处境，细致分析自己与亲朋、父兄、同学、上级、下属等之间的关系，便可以发现许多类似承、乘、比、应的情状，甚至可以结合《周易》旨趣悟出不少道理。就《易》学而言，《易》卦六爻之间的承、乘、比、应，是《周易》爻象变动过程的四个方面要素，也就是从四个角度象征事物在复杂环境中变化发展的或利或弊的外在条件，以及在一定条件制约下的某些规律。

九、互卦

《易》卦六爻之间，除初爻、上爻外，中四爻又有相连交互的卦包含其间，称为“互卦”。其中二、三、四爻合成一个三画卦，称为“下互”；三、四、五爻又合成一个三画卦，称“上互”。这样，“上互”“下互”相组合，便构成另一个六画卦。下面举《屯》卦（䷂）为例：

可见，《屯》卦由下震、上坎组成，中间四爻含有下互坤（☷）、上互艮（☶），上下互便合成《剥》（䷖）卦。“互卦”条例，是《周易》六十四卦卦形的构成特征之一。《左传》、《国语》所载《易》说，常常涉及“互卦”；汉代人解《易》，也多延承“互卦”之例。

十、卦主

《周易》六十四卦的每卦六爻中，有为主之爻，叫作“卦主”。卦主有两种类型：一是“成卦之主”，即该卦所由以成的主爻。此类卦主不论爻位高下，其德善否，只要全卦意义上因之而起，则皆得为卦主。例如《夬》（䷪）卦，上六一阴高凌于上，被五阳所决除，全卦含“君子决除小人”

之意，而上六即为“成卦之主”。二是“主卦之主”，即该卦六爻中最完美的主爻。此类卦主必是爻德美善、得位、得时者当之，故各卦第五爻多为主卦之主，他爻亦间或有之。例如《乾》（䷀）卦的第五爻“九五”，阳刚盛美，有“飞龙在天”之象，即为主卦之主。六十四卦的《彖传》，往往揭示出卦主所在。

上面所列十则《易》学条例，是最基本、最需注意的，初读《周易》者应结合研讨六十四卦而细加体会。至于历代《易》家总结出来的《易》例，颇为繁多，有志于深研《易》义的读者，还可以广泛取为揣摩辨析，去非存是，必将大有益处。

参考文献

[1] 张善文 . 周易 . 太原：山西出版集团，三晋出版社，2008。
[2] 苏轼 . 东坡易传 . 北宋。
[3] 扬雄《輶轩使者绝代语释别国方言》，西汉。
[4] 武英殿《日讲易经讲义》刻本，清。
[5] 张政烺 . 帛书六十四卦跋 . 刊于《文物》1984 年第 3 期。
[6] 马王堆汉墓帛书整理小组《马王堆帛书周易六十四卦释文》，刊于《文物》1984 年第 3 期。
[7] 爱新觉罗 · 弘历、纪晓岚等《钦定四库全书》，清。
[8] 姜尚《太公六韬》，西周。
[9] 佚名《战国策》，战国至西汉。
[10] 左丘明《春秋左氏传》，春秋。
[11] 佚名《诗经》，西周至春秋。
[12] 孔丘《春秋经》，春秋。
[13] 许慎《说文解字》，东汉。
[14] 吕不韦《吕氏春秋》，战国。
[15] 陈寿《三国志》，晋。
[16] 范晔《后汉书》，南北朝。
[17] 阮元《十三经注疏校勘记》，清。
[18] 公羊高《春秋公羊传》，战国。
[19] 王念孙《读书杂志》，清。
[20] 司马迁《史记》，西汉。

[21] 司马光《资治通鉴》，宋。
[22] 李光地《周易观象》，清。
[23] 吴翊寅《易汉学考》，清。
[24] 梁寅《周易参议》，元。
[25] 黄晖《论衡校释》，北京，中华书局。
[26] 毛奇龄《仲氏易》，清。
[27] 冯椅《厚宅易学》，宋。
[28] 清华大学出土文献研究与保护中心《清华大学藏战国竹简（肆）》。
[29] 孔颖达《周易正义》，唐。
[30] 高亨《周易大传今注》，济南，齐鲁书社。
[31] 郭沫若 . 周易之制作时代 . 北京：人民出版社，1982。
[32] 王博 . 易传通论 . 北京：中国书店，2003。
[33] 李镜池 . 周易探原 . 北京：中华书局，1978。
[34] 西京先生 . 周易之门（网络资料），陕西西安。